아부다비 통신

دبي
ابوظبي

아부다비
통신
دبي
ابو ظبي

임은모 지음

이담
Books

들어가는 글

　이 책은 처음부터 남달랐다. 우선 매월 1천만 클릭 수를 자랑하는 한국 최대의 인터넷신문 매체 <브레이크뉴스>를 통해 게재되면서부터 중동지역 도시국가 아부다비(Abu Dhabi)의 맨얼굴을 그대로 그려낸 것에 대한 찬사가 수식어로 붙어서다. 여기에 그치지 않고 아부다비한인회(UAE 한인회) 홈페이지의 걸프뉴스에도 그대로 게재되자 아부다비 에미리트와 정부 관료들 사이에서 이를 영문으로 번역해 회람(回覽)하는 일이 알려지면서 화제성 확대에 따른 부가가치를 얻어낸 결과다. 실제로 아부다비에 관한 기사라든가, 뉴스라든가, 경제보도 등은 항상 한국 언론에서 사각지대였다. 독자 확보는커녕 관심사에서 크게 벗어나 있다는 이유에서다.

　그러나 <브레이크뉴스>에서 '아부다비 통신'이라는 주제의 칼럼이 꼬리를 물고 계속 이어져 폭발적인 인기가 생기는 단초로 작용했다. 지난해 3월 21일부터 시작되어 포스트 카다피 시대가 열린 10월 20일까지 7개월 동안 '아부다비 통신'에 게재된 글이 바로 이 책이다.

　그렇다고 해도 여기에는 우선적으로 신문 칼럼이 가져야 하는 세가지 덕목에 충실했다. 하나는 사실성 위주의 기사 선정이다. 둘은 화제성을 내포한 엔터테인먼트 요소의 가미이다. 셋은 필자의 직관에 의한 각종 제안들이 빛을 발한 것으로 이해되고 있다.

무릇 신문 칼럼은 메마른 객관성을 보완하는 기능까지 겸해야 한다. 하지만 이를 단행본 수준으로 등극시키기 위해서는 연구와 조사에다 더 많은 고민까지 보태는 과정이 필요했다. 따라서 나는 이를 위해 모두 일곱 가지 주제로 세분해서 각기 다른 이름의 표제를 붙여 이해를 돕겠다.

제1장은 아부다비의 맨얼굴이다. '지금은 전문가 시대'로 시작해 아부다비에서 언어의 소통 노하우까지 모두 10개의 주제를 실었다.

제2장은 하루가 다르게 발전하고 있는 아부다비 경제의 모습과 미래 비전으로 채웠다.

제3장은 180만 명 아부다비 에미리트의 라이프스타일 변화와 로망에 대해 가늠했다.

제4장은 지난 2009년 12월 브라카에 세워질 원자력발전소 수주 이후의 한국과 아부다비 정부 사이에 얽히고설킨 공동과제를 다루었다. 특히 아부다비에 국토해양부가 건설수주센터를 설립하는 이유와 이슬람금융을 통한 한국 증시의 보호막 설치 제안에는 많은 독자들로부터 문의와 격려를 고르게 받았다.

제5장은 16억 무슬림의 할랄 푸드(Halal Food)에 관한 보고서로 새로운 비즈니스거리에 대한 시장조사다.

제6장은 아부다비 정부가 가장 필요로 하고 동시에 꾸준하게 요구하고 있는 코리아 컬처 테크놀로지(Korea Culture Technology)에 대한 자랑과 함께 비즈니스 어프로치로 이를 정리했다. 아부다비 정부는 국가적 미래 비전을 완수시키기 위해 최우선적으로 인재양성 프로그램에 목말라하고 있다는 점이 도움말이 될 수 있을 것이다.

　마지막 7장은 2011년 2월 튀니지에서 발생한 재스민 혁명이 들불처럼 번지기 시작해 이제는 아랍의 봄으로서 새로운 아랍 역사를 쓰고 있기 때문에 특별한 관심과 함께 현지 보고서 형식으로 독자의 알 권리에 부응하는 뉴스를 칼럼화했다.

　그래서 이 단행본이 화제성의 맨 중앙에 서 있는지도 모른다. 이를 위해 김태선 주한 UAE 대사관 협력관의 도움에 많은 힘을 얻었다. 끝으로 어려운 한국 출판사 사정에도 불구하고 이렇게 반듯한 단행본을 출판해 주신 채종준 한국학술정보(주) 대표이사님께 엎드려 감사를 드린다.

2012. 1. 5.

임은모

(adimo@hanmail.net)

차 례

Chapter **1** │ 아부다비 맨얼굴

1. 지금은 전문가시대

　세계 경제는 문명의 발전과 기술의 발달에 의해 하루가 다르게 변화하고 있다. 이를 수용하는 경제주체(국가·기업·소비자)는 미래가 담보되지만 반대로 이를 거부하거나 기피한다면 그날로 외면의 수모를 받게 된다. 지금과 같은 21세기에 광속으로 전개되는 'TGiF(트위터＋구글＋아이패드＋페이스북) 시대'가 이를 극명하게 방증시키면서 70억 지구촌 소비자에게 새로운 패러다임과 과제를 동시에 요구하기 시작했다.

　2011년 봄이 오는 길목의 3월 세 번째 주일을 맞아 '아부다비 통신'의 첫 화두로 '지금은 전문가의 시대이다'라는 메시지로 이 칼럼을 연다. 중동지역 도시국가, 인구 180만 명의 아부다비(Abu Dhabi)에서 말이다.

◆ 전문가적 대응

자원빈국 코리아가 미래를 힘차게 열면서 이를 향유하기 위해서는 기술 수출과 함께 해외플랜트 수주에서 국부창조(國富創造)가 가능함을 누구보다 나는 믿고 있다. 2008년 9월 미국발 글로벌 금융위기 이후 전 세계는 자국의 기업을 보호하기 위해 보다 철통같은 보호주의 정책에 올인하고 있다. 대신 입으로는 자유주의를 합창하면서 보호주의에도 한 치의 소홀함을 보이지 않고 있다. 이게 2011년 세계 경제의 진실게임이자 세계 경제의 현주소다. 실제로 1조(兆) 단위의 해외플랜트나 사회간접자본(SOC) 시설 수주는 미국이나 유럽에서는 기대난이다. 그래도 중동지역 산유국 사우디아라비아를 비롯하여 쿠웨이트와 아부다비 등이 고작이다.

이게 진실게임의 본질이다. 때문에 우리는 이제부터 전문가가 되어야 하는 명제와 맞닥뜨리게 된다. 보편적 명제의 가치관이 그렇게 가르치고 있기 때문이다. 그래서 우리 모두는 이미 전문가가 되어버렸다. 광속으로 전개되는 21세기 세계경제사가 그렇게 만들었다는 표현이 더 설득력을 얻을 것이다.

예를 들면 미국 NASA에 근무하는 우주전문기관이 확보한 정보와 지식이 고흥 우주발사체의 발사 과정에서 언론매체의 힘에 의해 이제 대학생 수준이 된 것이다. 그것도 거의 공짜로 말이다. 또 우리는 연평도 천안함 사건을 통해 군사전문가로 등극했다. 같은 이치로 이번 일본 후쿠시마 원전사고는 우리를 원자력발전소 직원 수준의 기술자로 변모시켰다. 어디 이것뿐인가? 우리는 또한 일본 동부관동지진(東部關東地震)으로 지질학자의 반열에 올랐다. 결국 이 네 가지 정보와 지식으로 우리 모두는 '글로벌 리더'로서 하등 손색이 없는 전문가로 행세해도 무방하게 되었다.

다만 관심의 유무(有無)에 따라서 전문가와 비전문가로 갈리게 된다. 자의든 타의든 지금과 같은 전문가시대는 필연적으로 가치를 확보하게 되지만 관심의 향배에 따라 사회 대접도 달라진다. 게다가 전문가로서의 등극을 기대한다면 우선 세 가지 요구를 충분조건으로 삼는 지혜를 갖춰야 한다. 이를 테면 '틈새'와 '차별성', '경쟁력 확보' 등이다. 또한 '자기만의 길(my way)'을 스스로 터득해서 자기 것으로 승화시키는 일이다. 이게 바로 지금과 같은 스마트폰 시대가 요구하는 '글로벌 리더'로서 우뚝 서는 일이다.

◆ 아부다비 발신(發信)

최근 도시국가 아부다비는 한국 뉴스에 안테나를 올리고 있다. 이에 대한 이야기는 세 가지로 요약할 수 있을 것이다.

하나는 동네 축구팀이 월드컵 4강팀과 축구경기를 하듯 석유 메이저로서의 등극이 가능한 발판을 마련하는 일에 관심을 집중시키고 있다는 것이다.

둘은 아부다비 원전수주에 따라 두 나라가 향후 66년 동안 동반성장국가로서 미래를 함께 열어가는 일에 대해 주목 한다는 것이다. 브라카에 세워질 원전의 공기 6년에, 원전 운영 60년을 합한 66년은 시간의 고리로서 작동함을 의미한다. 이를 집중 소개할 명분과 의무를 이행하는 데 만전을 기할 것이다.

마지막 셋은 세계 6위 산유국인 아부다비가 세계 최초로 '탄소제로 도시 마스다르'를 구축하고 있다는 것이다. 오는 2016년 완공을 목표로 마스다르는 목하 비지땀을 흘리고 있다. 이를 소개하고 정보를 공유하는 자세로 여기에서 그들이 얻어내고 있는 '비즈니스 모델(BM)'을 그대로 전할 것이다. 여기까지가 2011년 3월 세 번째 주일에 열고 있는 '아부다비 통신'의 발신(發信)의 목록이다.

가능하면 칼럼이 가지는 '사실성(팩트)'과, 재미의 '화제성'과, 문제의 간극을 파헤치는 '제안성'을 밀가루 반죽처럼 고르게 비비면서 '아부다비 통신'을 이어갈 것이다. 그래야만 당신도 아부다비를 포함한 중동지역 국가에 대한 전문가로서 명함을 새롭게 만들 수 있는 기회가 될 수 있기 때문이다. 이를 도울 생각이다.

바로 오늘 새벽 서방국가들은 리비아를 향해 '오디세이 새벽'을 열고 있다. 또한 이제 중동지역은 코리아 뉴스의 변방이 아닌 맨 중앙에 서 있다. 이게 과연 우연일까, 아니면 필연일까?

2. 간추리고 더 절제시킨 아부다비 맨얼굴

불변의 과거(1) — 멀리 갈 것 없이 1853년 아부다비는 영국과 영구 해상보호조약을 체결하면서 영국보호령연합국(The Trucial States)이 되었다. 역사는 더 지나고 1892년 각 토후국 간 베타협정(Exclusive Agreement)을 맺고 나서 외교 문제를 영국에 위임한다. 1958년 아부다비에서 처음 석유가 발견되었고, 1971년 아부다비는 7개 토후국과 함께 아랍에미리트연합(UAE)이라는 국호를 정해 독립하기에 이른다. 그리고 132번째 UN 가입국이 된다.

직면한 현재(2)-중동지역 도시국가가 지닌 숙명은 크게 세 가지로 요약된다. 거듭 강조하자면 현재 직면한 과제의 해결이다. 이를 테면 산유국으로서의 위상 정립과 석유 자원에 걸맞은 국가 안보와 도시국가로서의 인프라 구축 등이다. 여기에 따른 도움말로 최근 화제의 중심을 이루고 있는 '재키의 비망록'과 교집합해 보면 시사점이 돋보인다.

1963년 11월 22일 케네디 대통령이 텍사스 주 댈러스에서 카퍼레이드 도중 오스왈드의 저격으로 사망하고 몇 달 뒤 재클린은 하버드 대학의 역사학 교수이자 케네디의 특보였던 아서 슐레진저와 긴 인터뷰 시간을 가진다. 당시 녹음된 테이프의 분량은 8시간 30분에 이른다. 영국 일간지 데일리메일이 전한 육성 증언 가운데 재클린은 남편 암살 사건의 배후 인물 중 한 사람으로 린든 존슨 당시 부통령을 지목했다. 올해로 48년 전의 일이다. 미망인 재클린 여사는 미국 석유 및 군수산업의 본거지 텍사스 출신들이 케네디 대통령의 베트남 전쟁 철군과 소련과의 화해 무드 조성에 반대했었는데 그런 텍사스의 이해관계를 대표해 온 인물이 바로 린든 존슨이라고 했다. 여기서 '석유'와 '안보'에 대한 가치와 무게는 곧 중동지역 도시국가가 직면한 현재로 해석할 수 있다.

◆ 가변의 미래

도시국가 아부다비의 미래는 '포스트 오일머니'의 준비와 동급의 미래전략의 줄거리이다. 이름하여 가변의 미래상 구축이다. 사막과 석유는 과거의 상징이기 때문이다. 지난 2007년 발표한 '아부다비 경제계획 2030'(총 180쪽)은 아부다비의 미래로 가는 로드맵에 해당한다. 이를 전 세계인이 주목한 것은 문화와 관광의 진흥정책이 키워드로서 가장 맨 위에 들어 있기 때문이다.

현재 사디야트 섬에 구축 중인 프랑스 루브르 박물관과 미국 구겐하임 미술관의 아부다비 분원이 그 방점을 찍고 있다. 이를 위해서는 사회 인프라 구축이 필수이기 때문에 부도심 칼리파 신도시와 새로운 산업공단 키자드(KIZAD)를 추가시켰다.

칼레드 살민 카와리 키자드 부회장은 올해부터 자주 한국을 찾아 투자 유치에 매우 적극적인 모습을 보이고 있다. 향후 66년 동안 아부다비와 한국은 쌍무적 동반성장 관계국가로서 가변의 미래를 불변의 미래로 확실히 구축해야 하기 때문이다. 여기서 66년은 한국 원전의 신기술이 해외시장에 처음 선보일 아부다비 브라카의 원전 4기 공사기간과 운영기간을 합친 수치다.

단언컨대 아부다비 맨얼굴은 없다. 있다면 겉과 속이 다른 이중구조(二重構造)의 사회 및 경제 현상이 혼합된 국가로의 존재다. 시세말로 다중화(多衆化)된 국가를 의미한다. 동시에 정치체제는 연방 절대군주제를 지향하고 있다. 인구구조 면으로는 총인구 180만 명 가운데 20%가 토후국(에미리트)인이고, 남은 80%는 이방인으로 짜여 있다. 그래서 아부다비 맨얼굴은 없다.

하지만 1971년 독립 이래 올해로 40년째가 되었다. 『2011 세계국가편람』(한국수출입은행 발행, 160쪽 참조)에 따르면 국가 GDP는 3,508억 달러이며 1인당 국민소득은 5만 20달러에 이른다. 너무나 잘 알려진 아부다비 국세(國勢)를 거듭 밝힌 것은 아부다비의 맨얼굴에 대한 관심과 제안 등이 전제된 물증을 예시하기 위해서다. 실제로 이번 경제대국 미국의 국가신용등급 감등과 유럽연합 국가들의 국가 부채로 인한 세계 금융의 붕괴는 아부다비를 예외로 두지 않았다. 아니 경제·사회·정치·문화적 미래 준비에 대한 보완과 보충을 더욱 주문하고 있다.

우선 세계의 돈이 중동지역 국가로 모아지면서부터 세계는 새로운 경제질서를 중동지역에 요구하고 있다. 글로벌경제와 자본주의 신질서가 그렇게 요구함과 무관하지 않다. 굳이 여기서 나는 지난주 이명박 정부가 제시한 금융다변화 정책을 수립하는 과정에서 중동지역을 포함시킬 것이라는 점을 거론하지는 않겠다. 다만 그 끝자락을 추적(또는 보안)하기 위한 대안으로 아부다비의 맨얼굴이 자꾸만 내 뇌리를 치기 시작했다.

앞에서 지적했듯이 중동지역 도시국가들에 공통된 인구구성이 이중구조로 형성됨에 따라 그 갭은 김칫독에 끼는 우거지처럼 필연적으로 도사리고 있다. 그냥 갭이 아니라 소득의 양극화로 시작해 고용의 양극화와 소비의 양극화까지 다양한 얼굴로 도시국가가 해결할 필수사항이 되고 있다. 이런 점은 이미 프랑스와 영국에 들불처럼 번지기 시작했고, 노르웨이까지 예외로 두지 않았다. 성장과실에 쏠린 부의 불평등에 대한 관심은 이제 이방인의 요구로서 결국 그들의 목소리에 동조하는 세계 언론이 하나씩 하나씩 생겨나고 있다. 이를 부추기는 세력도 등장하기 시작했다.

다시 단언컨대 중동지역 도시국가 양극화(兩極化)는 간추리고 절제가 수반된 아부다비의 맨얼굴로서 아부다비 지도자가 풀어야 할 새로운 과제가 되고 있다. 이는 재스민 혁명으로 촉발된 중동지역 사회현상이란 점을 후세 역사가들은 '맨얼굴의 축복'으로 정리할까, 아니면 '맨얼굴의 저주'로 결론을 낼까?

3. 70억 지구촌 시대를 맞는 아부다비 건강정책의 백미

인정하고 싶지 않지만 이제 지구촌 인구는 70억 명을 돌파했다. 1999년 60억 명을 돌파한 지 12년 만이다. 유엔인구기금(UNFPA)은 10월 27일 '2011년 세계인구현황보고서'를 통해 이를 수치화했다. 잦은 지구촌 기후변화로 세계 곡물시장 상황이 악화일로를 치닫고 있어 '70억 지구촌 시대'는 환영보다는 걱정이 앞선다. 그래서 인정하고 싶지 않은 일에 속한다. 이번 UNFPA 보고서 내용을 다시 들춰 보면 인정하지 않을 수 없는 지구촌 사정이 그대로 드러나 있다. 우선 세계가 지속 가능하고 번창할 것인가, 아니면 환경 악화와 경제 위기 등으로 후퇴할 것인가를 묻고 있어서다.

인구기금은 '70억 지구촌 시대'에 대두될 문제점에 대해 전문가들의 해법을 제시했다. 폴 에를리히 스탠퍼드대 인문학 교수는 식량 부족과 환경 파괴를 가장 큰 문제로 꼽았다. 그는 "인구 증가로 이미 전 세계적으로 10억 명이 기아에 시달리고 있고 기후변화에 따른 환경 재앙 가능성을 높이고 있다"면서 "2050년까지 추가로 20억 명이 증가하면 그 문제는 더욱 심각할 것이다"라고 예단했다. 그러나 이를 걱정에서 환영으로 받아들이기 위해서는 이제부터 세계 각국이 주도하는 대응에 달려 있다고 말미를 장식했다. 바로 이 대목에서 70억 지구촌 시대를 맞는 아부다비 정부의 건강정책의 본질과 내용, 그리고 비전에 따른 헬스케어 코리아의 대응책을 함께 살펴본다.

◆ Bone Disease Risk for 1 in 4 Residents

　그동안 우리가 알고 있는 아부다비를 포함한 GCC 권역 6개국 국민들은 비만과 당뇨에 의해 고통을 받고 있다고 인지해 왔다. 비만은 의료 기술이 최상인 미국에서도 이로 인한 손실이 미국 경제를 휘청거리게 할 정도의 수준에 도달해서 한 해 치료비만 60억 달러를 지출하고 있다. 그냥 얻어듣던 수치가 아니라 10월 26일자 영국의 저명한 학술지 『랜싯(The Lancet)』에 발표된 자료다.

　그러나 최근 아부다비 보건국이 조사한 결과 여기에 한 가지 질병이 포함되어 정부 당국을 긴장시키고 있다. 뼈와 관련된 질환에 속하는 골다공증 환자가 급증하고 있다면서 아부다비 에미리트의 4명 가운데 1명이 골다공 환자라고 밝혔다. 주된 원인으로는 운동 부족과 햇볕을 쬐지 못한 생활습관을 들었다. 믿기지 않겠지만 중동지역 열사의 나라에서 햇볕을 쬐지 못하는 일을 문제점으로 지적한 것은 너무나 아이러니한 사회현상이다.

　그러나 여기에 대한 아부다비 정부 건강정책의 선제적 대응은 남달랐다. 지난 8월부터 아부다비 보건국은 1차로 1,000명을 표본 삼아 게놈 지도를 통한 개인건강 프로그램을 실시한 바 있다. 지금까지 '개인 게놈 지도 프로그램'은 높은 비용 문제로 미국에서도 상위급 시민들에게만 허용되는 복지혜택이었다. 그러나 최근 우주선 도킹에 성공한 중국의 기술력에 의해 게놈 판독 기술을 일반화시켰다. 그래서 비용과 장비는 미국의 20분의 1 수준까지 내려지고 이를 아부다비 정부는 중동지역에서 처음으로 도입할 수 있었다.

　이를 통한 아부다비 보건국은 골다공증 환자의 증가를 막기 위해 새로운 보건정책을 발표해서 전 세계인의 주목을 받기 시작했다. 이름하여 선진국형 맞춤의료정책이다. 주요 내용은 골다공증 환자에 필요한 비타민D를 보급하고, 당뇨병 치료를 위한 맞춤 의료서비스를 선정하는 것이다. 따라서 헬스케어 코리아를 달성하기 위한 대응책이 시급하다.

대응책은 크게 세 가지로 요약할 수 있다. 이 세 가지는 이미 아부다비 보건국이 한국 관련 기업을 통해 자료와 시장을 요구받고 있다. 이 중 둘은 이미 진행형이고, 다른 하나는 미래 기대주로 구분하면 이해가 쉬울 것이다.

하나는 게놈 지도 프로그램에 대한 커리큘럼을 개발하여 아부다비 공무원에게 교육시켜 의료 인재 양성을 지향하는 정책적 결정을 준비하는 것이다.

둘은 골다공증 환자는 대부분 비타민D 부족에 따른 질병이다. 따라서 이를 치료하기 위해서는 적당한 햇볕 쬐기와 비타민D가 많이 함유된 식품, 이를 테면 생선기름을 주된 원료를 사용한 제품을 개발할 필요가 있다. 최근 서울과 전주에서 개최된 식품박람회를 통해 아부다비 보건국은 '오징어 과자'를 주목해 공장 건설을 주문하고 있다. 오징어 과자는 일본 북해도농산식품이 이미 개발하여 제안한 아이템이었지만 일본 현지 공장만 주장한 관계로 성사까지 미치지 못하였다가 이번 박람회를 통해 한국 기업에 아부다비에 공장을 설립할 것을 전제조건으로 달았다.

셋은 11월 1일에 발표된 돼지 췌도를 통한 당뇨병 치료제에 대한 기대이다. 특히 박성희 서울대 교수팀이 연구한 당뇨병 치료제에 벌써부터 관심을 보이고 있다.

그렇다면 헬스케어 코리아의 비전을 달성시키기 위한 우리의 대응은 무엇이 우선순위에 오를까? 이를 위해 필요한 준비는 무엇일까? 예측건대 동반성장국 수준에 오른 한국과 아부다비의 무역역조는 이미 기성사실화가 되었다. 원유수입에 따른 무역역조는 오랜 과제라 차치하더라도 그들이 필요한 건강정책을 통한 국부의 편익으로서 큰 시장을 키우는 일이다.

그래서 이 칼럼의 제목부터 '건강정책 보고서'라든가 '건강정책 내용'을 배제하고 '건강정책 백미'로 이를 차별화시키고 말았다. 백미(白眉)는 곧 국부의 다른 이름이기 때문이다. 왜냐하면 우리가 잘 알고 있듯이 백미(白眉)의 어원이 중국 고사에서 '마(馬)씨네 다섯 형제 가운데 가장 영특한 마량(馬良)을 지칭한 것'이라는 데 대한 정책적 메시지가 필요한 시대에 우리는 살고 있다. 고맙게도 이를 통해 국부의 길은 멀리 있지 많고 가까운 이웃에도 있다는 점이 판명된 셈이다.

4. 아부다비와 인천을 오가는 에티하드항공

지금은 서로를 아우르는 시대다. 나와 너, 가족과 이웃, 국가와 민족, 더 나아가서 국경과 경제가 함께 움직이는 시대이기도 하다. 지금 내가 타고 있는 아부다비의 날개 에티하드항공 EY876편은 인천국제공항을 매일 22시 30분에 이륙하여 아부다비국제공항을 향해 날갯짓을 한다. 그만큼 아부다비와 인천이 가까워지고 있다. 그냥 가까워지고 있는 것이 아니라 경제교류와 관광은 기본이고 유전 개발과 원자력발전소 건설에 관한 기대가 밀가루 반죽처럼 믹싱되어 바야흐로 동반성장국가로 발전하는 모습 그 자체다. 함께 타고 가는 승객들의 면면도 하나같이 동반과 성장을 통해 미래 번영을 지향하는 동반자로서 활기가 넘쳐나고 있다. 기내에서 공동체처럼 주고받는 대화와 여행이 가족만큼 배려와 친절로 가득 찼다. 서로의 이해가 성립된 몸짓에서 동질성 이상의 연대감이 물씬 풍기고 있다. 나와 동석한 이웃과 기내에서 주고받은 첫 인사말 "반갑습니다"에서도, "앗살람 알라이쿰"에서도….

옷차림은 서로 다르지만 인천과 아부다비를 잇는 생각의 편린(片鱗) 가운데는 이미 다정함이 묻어 있고, 인정은 자꾸 짙어간다. 이를 상징하듯 도시국가 아부다비의 이미지와 부합된 엑설런트(excellent)가 감지되게끔 기내 잡지 『에타하드 홀리데이(Etihad Holidays)』의 표지는 그렇게 장식되어 있다. 지난해부터 인천국제공항에 취항한 에티하드항공은 벌써 만원사례다. 해가 거듭될수록 이용하는 승객의 숫자만큼 승객의 다양화는 두 나라 사이에 걸친 관계 개선을 넘어 이제는 가히 국제수준에 이르러 아프리카로 가는 승객까지 이용되고 있다. 우선 브라카에 근무하는 원자력발전소 엔지니어를 비롯하여 아부다비 유전 개발 조사에 임하는 콤비나트 기술자는 아랍 출신 승무원과 한국 출신 승무원으로 구성된 다국적 친절에 의해 에티하드항공만의 편안함을 만끽하기에 부족함이 없다.

◆ 2003년 11월 5일 첫 취항

글로벌 랠리(Global Rally) 역사를 쓰고 있는 에티하드항공은 올해로 취항 8년째를 맞고 있다. 즉, 신생항공회사라는 말이다. 이미 포화

상태를 이루고 있는 국제항공산업에서 신생항공사 출범은 절대적 무리수라는 꼬리표에서 자유롭지 않다. 그렇다고 해도 에티하드항공은 에어버스 최대 고객으로서 국제항공사 반열에 이미 올라섰다. 산유국이라는 프리미엄을 등에 업고서 말이다.

2003년 11월 5일. 이날은 에티하드항공의 출범을 알리는 날이었다. 아부다비국제공항에서 출발한 베이루트행을 시작으로 지금은 세계 40여 국가에 취항하고 있다. 물론 에티하드항공은 홍콩 첵랍공항처럼 인천국제공항을 벤치마킹해서 발전을 거듭하고 있다. 오는 2012년까지 80개 도시로 영업망을 확충하기 위해 에어버스 30대를 이미 주문한 상태다.

최근 에티하드항공 서울지사에 따르면 2011년을 '아부다비 해'로 정해 '에센셜 아부다비(Essential Abu Dhabi)' 캠페인을 실시 중이라고 한다. 따라서 아부다비에 본거지를 둔 에티하드항공은 아시아나 항공과 함께 아부다비와 인천을 잇는 하늘 길에서도 동반성장의 역사를 쓰고 있는 셈이다.

5. 아부다비에 있는 것과 없는 것

언제부터인지 모르지만 우리는 이분법(二分法)에 익숙했다. 우선 보수와 진보, 흑과 백, 심지어는 지구촌 개념에서 기피하고 있는 서방과 동방까지. 이게 상식화되면 고정관념이 되고 편견의 시초가 된다. 다문화로 가는 사회현상에서 가장 큰 걸림돌이 되는 것이다.

이러한 이분법을 중동지역 도시국가 아부다비에 적용시켜 보는 일이 최근 한국에서 일어났고, 이게 아부다비 언론매체를 통해 아부다비 에미리트 사이에 회자되고 있다. 그렇다고 아부다비에 낙타와 매는 있고, 술과 돼지는 맛볼 수 없다는 지극히 단순한 것을 얘기하려는 것은 아니다. 지금 세계사에 방점을 찍고 있는 아랍의 봄 맨 중앙에 있는 아부다비에서 바라본 역사적 관점의 '아부다비 통신'이기 때문이다.

분명한 내용인즉 크게 두 가지로 요약할 수 있다. 하나는 아부다비 에미리트들이 참고하고 있는 정보매체 MEED(Middle East Economic Digest)와 CW(Construction World)를 아부다비에 진출한 한국 기업들이 즐겨 보고 있다는 점이다. 다른 하나는 여기에 수록된 내용이 6,000km 떨어진 서울 여의도 증권가로 옮겨가서 그대로 증시에 반영되고 있다는 사실이다.

◆ 아부다비 에미리트의 정보매체 MEED와 CW

3월 22일 삼성엔지니어링은 설립 이후 최대 규모의 해외플랜트 수주 사실을 발표했다. 삼성엔지니어링은 사우디아라비아 아람코로부터 창사 이래 최대 규모인 27억 6,000만 달러에 달하는 샤이바 NGL(가스-오일 복합단지) 프로젝트 수주에 성공했다. 한국 증시에서 보기 드문 호재인데도 이날 이 회사의 주가는 잠잠했다. 이유는 따끈한 뉴스가 아니라 구문(舊聞)이 되어 이미 한국 증시에 반영되었기 때문이다. 사실 이 소식은 3월 16일자에 발행된 중동지역 건설전문지 MEED에 게재되었고, 여의도에 있는 한국 증권업체들은 이를 입수해 읽고서 즉시, 주가에 반영시킨 것이다.

실제로 이 기사가 나간 다음부터 삼성엔지니어링 주가는 고공행진
이 이어졌다. 이 정보를 먼저 파악한 소수의 증권업체 종사자가 선제
적으로 매수에 가담한 것은 두말 할 필요가 없다. 이만큼 여의도와
아부다비는 증시에서도 일의대수(一衣帶水)로 연결되어 작동되고 있
다. 중동지역 건설회사들은 MEED와 함께 CW를 챙기고 있고, 이를
토대로 GCC 권역 6개 국가에 이르기까지 시장 정보를 꿰뚫고 있다.
이러한 고급 정보매체는 아부다비에 널려 있다. 반면 서울 여의도서
는 아직까지 없다.

또 여의도에 있는 것이 아부다비에 없는 것도 있다. 바로 주식워런
트증권(ELW)이다. 파생상품에 속하는 ELW는 만기를 정해서 그 가격
으로 특정 주식을 사거나 팔 수 있는 권리를 가진 증권으로 일반 주
식처럼 거래되고 있다. 증권사들은 ELW를 발행한 뒤 지속적으로 매
도 및 매수 호가를 제시하며 거래에 참여하는 유동성공급자(LP) 역할
까지 겸한다. 동시에 가격 형성에도 영향을 끼친다. 이러한 파생상품
은 아예 아부다비증권거래소에 없다. 아부다비증권거래소에는 영국
런던 더 시티에 둥지를 튼 세계적인 금융인들에게서 배운 대로 리스
크 위험이 있기 때문이다. 그래서 금융공학에 의해서 최고의 금융상
품으로 지칭되는 주식워런트증권(ELW)은 아예 아부다비증권거래소
에 발을 붙이지 못하고 있다.

지금까지 통했던 흑과 백의 이분법(二分法)은 이제부터 삼분법(三分
法) 수준으로 업그레이드를 고려해야 한다는 목소리에 귀를 기울이는
지혜가 필요하다. 마치 정(正)과 반(反)은 알지만 합(合)을 모르거나
부정하는 몸짓이 이 경우에 해당한다. 따라서 아부다비와 여의도에
필요한 것은, '필요한 것은 필요한 만큼 육성'하고 동시에 '불필요한

것은 이를 과감하게 배제'해서 처음부터 리스크를 줄이는 윈윈윈 (win-win-win) 전략이다.

내가 이러한 제안에 힘(?)을 보태는 것은 향후 10억 배럴 유전개발 프로젝트에 즈음하여 아부다비 석유와 천연가스 관련 기업들이 여의도 증시에 상장(上場)을 추진하는 일이 가능하게 된다. 반면 한국 기업들이 아부다비 증시에 상장(上場)하는 시대가 다가오고 있기 때문이다.

6. 아부다비에서 언어 소통의 노하우

만나는 사람마다 아침에는 "싸바 알 카이르(안녕하십니까)"라고 인사를 한다거나 오후에는 "마싸 알 카이르"라고 구분할 수 있는 사람이라면 아부다비 일상에서 언어의 불편과는 관계가 없다. 하지만 이런 정도의 아랍어 실력의 소유자라면 행복하게도 어린 시절부터 아랍권과 관계를 이루었던 사람이라든가, 대학에서 아랍어를 전공하였다든가, 그것도 아니면 우연히 상사원으로 중동지역에 근무한 결과로 아랍어에 통달한 경우로, 이들을 제외하면 아부다비에서의 의사소통은 학교에서 배운 영어 실력을 동원하는 방법이 유일하다.

예를 들면 지난 7월 US여자오픈에서 우승한 유소연은 국내외 기자와의 인터뷰에서 유창한 영어 실력을 드러냈다. 유창한 영어 실력에 관해서 묻는 기자에게 유소연은 이렇게 답했다. "어렸을 때 미8군에 가서 영어와 미국 문화를 배웠다. 외국인에 대한 두려움은 없다. 지금도 캐나다 출신 영어 교사로부터 일대일 과외를 받고 있다."

한국의 골프 스타 유소연은 아부다비에서 언어 소통에 별로 어려움이 없을 것이다. 세계 공용어라는 영어의 통달이야말로 곧 아부다비 일상에서의 언어 소통에 매우 중요한 위치를 차지하게 된다. 이는 외국인에게 있어서 아부다비에서의 언어 장벽과 한계는 아랍어의 차선책으로 영어에 대한 실력의 유무에서 판가름이 난다는 의미이다.

그렇다면 나를 포함한 한국인이 아부다비 일상에 필요한 영어 실력을 쌓아 활용 가능한 노하우는 과연 어떤 것이 있을까? 과연 어떤 방법이 실용성이 있을까? 우선적으로 크게 세 가지 측면에서 영어를 통한 언어 소통의 노하우를 조명해 보자.

◆ 영어는 공부가 아니라 기술이다

첫째는 유소연처럼 외국인에 대한 두려움의 불식이다. 아랍어를 하지 못한다고 해서 우선 기가 죽을 필요가 없다는 얘기다. 그들이 한국어를 잘 모르듯 우리도 아랍어를 모르기는 마찬가라는 배짱과 자신감에서 그들을 상대하면 된다. 지금도 전설처럼 대학 교단에서 회자되고 있는 고미야마 히로시 도쿄대학 총장의 영어 멘트는 이렇게 시작되고 있다.

"I am addressing you in English now, But when I speak in English, I feel my IQ deteriorates. It is because not only I have to speak in English, but also I have to in English. So, I would appreciate it very much, If you could understand that I am much smarter, than what you think I am(지금 여러분에게 영어로 말하고 있지만, 저는 영어로 말할 때 제 IQ가 나빠지는 것 같습니다. 영어로 말해야 할 뿐만 아니라 영어로 생각해야 하기 때문입니다. 그러니까 제가 여러분이 생각하는

것보다 훨씬 더 똑똑하다는 걸 여러분이 이해해 주신다면 정말 감사하겠습니다)."

일본인에게 영어는 애시당초 어렵다. 우유의 밀크(milk)를 고작 '미르크'로 발음하는 언어의 구조에 익숙한 나라이기 때문이다. 그래서 일본 제1의 국립대학 총장은 영어로 강연을 시작할 때면 미숙한 영어 실력을 이렇게 표현해서 당당하게 청중을 사로잡는 조크를 동원하고 있다.

둘째는 암기가 중요하다. 이를 공부 개념이 아니라 기술적 개념으로 승화(?)시켜 자신이 필요한 문장과 단어를 그냥 암기하는 것이다. 지금도 기억하고 있고 또 고마운 것은 내가 중학교 1학년 때 영어 선생님께서 우리에게 1학년 영어 교과서 전부를 외우고, 이를 활용하면 어느 책보다 강한 영어의 힘을 배울 수 있다고 가르쳐 주신 사실이다. 아부다비 일상에서 필요한 언어 소통은 두툼한 영문 토플이 아니라 왕초보의 중학 영어 교과서라는 것이다. 다시 예를 들자면 우리가 항상 잊기 쉬운 동사(또는 의문사)인 'do', 'can', 'what', 'why', 'where', 'which', 'when' 등을 구분해 사용하는 일이야말로 영어 달인으로 가는 첫걸음이다.

셋째는 영어에 대한 꾸준한 관심이다. 이제 우리 모두는 국가를 넘어 세계화까지 건너서 다극화 사회로의 확장에 적극 참여하는 국제인이다. 이를 위해서는 세계 공통어인 영어 하나만이라도 자신감 있게 대화할 수 있어야 한다. 무엇보다 어설픈 대화에 따른 실수까지 즐기는 배짱과 '네가 모르는 한국어에 나는 자신 있다'는 점을 뇌리에 담고 살아가면 된다. 언어의 성취욕이 대수냐. 서로의 의사소통에 의한 의사전달과 비즈니스 연결이면 만사형통인 것이다.

실제로 언어의 필요는 곧 적응의 창조를 낳게 되었다. 자신이 잘살 길에서 영어가 필요하다고 판단되면 누가 시키지 않아도 영어에 올인하는 일에 매달리게 됨은 순리이자 지혜다. 다만 아부다비 일상에서 필요한 아랍어에 대해서는 일정 수준의 아랍어와 아랍 문화를 통한 자연스러운 접속까지 챙기는 일이 중요하다. 아마도 그 끝자락에는 아부다비 에미리트들이 입에 달고 있는 인사말을 즐겨 사용하는 일이 미션으로 남을 것이다.

"슈크란(감사합니다)."

7. 아부다비에 리츠칼튼이 세 번째 호텔을 짓는 이유

서구의 잣대로 보면 일반 호텔은 여행객에게 잠자리 제공이나 커피숍과 같은 편의시설 이용으로 수익을 챙기고 있다. 이는 일반 호텔의 비즈니스 모델(BM)은 될 수 있지만 세계적인 체인을 갖춘 럭셔리 호텔의 지향점과는 사뭇 다르다. 세계적인 호텔은 이를 넘어 국가 간 비즈니스 산실로서 비즈니스 도구와 비즈니스 편익에 관한 모든 것을 갖추고 있음을 의미한다. 이를 우리는 럭셔리 호텔문화라고 지칭하고 있다.

그래서 세계적인 호텔 체인인 파크하얏트를 비롯하여 세인트레지스와 리츠칼튼 등은 국제적 비즈니스거리가 있는 곳을 선택해 호텔을 짓고 있다. 이들의 선택적 감각은 호텔 매뉴얼에 기반 한 여러 가지 조건과 미래지향적 호텔 네트워크까지 고려하고 있기 때문에 '럭셔리 호텔=비즈니스 보고(寶庫)'의 등식으로 통하고 있다.

◆ 아라비아 비즈니스가 전하는 리츠칼튼 호텔의 아부다비 사랑

　지난 5월 3일 중동지역의 비즈니스 저널인『아라비아 비즈니스』는 리츠칼튼 호텔이 올해 크리스마스를 전후해서 아부다비에 두 번째 호텔 개관과, 세 번째 호텔 신축이 예정돼 있다고 보도하는 등 우리에게 매우 흥미로운 기사를 게재했다.

　이를 요약하자면 지금의 중동지역은 지정학적으로나 사회학적으로나 또 석유정치학적으로 불투명한 국가이지만 '중동 러시(ME Rush)'는 그만한 이유가 있다고 전제한 다음, 향후 국제정세가 빈 라덴 사망을 비켜 가면 그다음은 엄청난 이라크 유전개발에 대한 오일 비즈니스가 크게 확장됨을 예견함으로써 준비의 필요성을 지적했다. 또한 그 전초기지로 바로 아부다비를 꼽았다. 아부다비는 지금의 중동지역 재스민 사태를 비켜 간 곳으로 평가받으면서 여기에 대한 리츠칼튼 호텔의 아부다비 사랑을 겹친 것이다.

　아부다비 사랑은 도시국가 아부다비가 가지고 있는 오일머니의 파괴력을 외면하지 않고 있다. 물론 세계 제1의 국부펀드인 아부다비투자청(ADIA)의 위력에 대한 시설자금의 운용도 배제하지 않았다. 그렇다면 왜? 어째서? 어떻게? 어떤 목적으로 아부다비와 이라크 유전개발이 함수를 맺고 있는지를 직시하지 않을 수 없다. 따라서 '아부다비 통신'이 가지고 있는 한계를 일단 넘어서라도 우선적으로 아부다비 언론매체의 평가와 아부다비 에미리트들의 의견을 듣기 시작했다. 차선책으로 나는 이를 직시해 이렇게 패러디하는 방법을 택할 수밖에 없다. 내가 인사이드가 아닌 아웃사이드라는 신분적 한계에 자유스럽지 못한 까닭이다.

그럼에도 불구하고 스물세 번째 주제로서 리츠칼튼 호텔의 아부다비 사랑은 자원빈국 코리아의 입장과 향후 세계 석유시장의 다크호스일 이라크의 등장을 지금부터라도 리츠칼튼 호텔의 잣대로 다시 추스르는 일이 무엇보다 우선적으로 필요함을 절감했기 때문이다.

실제로 미국은 2003년 3월부터 이라크에서 벌이고 있는 '테러와의 전쟁'을 통해 6,100억 달러의 전쟁비용과 3,596명의 전사자를 냈다. 전쟁이 종료된 2009년까지 6년 동안 미국은 매달 120억 달러의 전비를 들이면서 제2차 세계대전 이후 가장 비싼 전쟁을 치렀다. 이런 천문학적인 전비 지출과 전사자를 낸 미국이 이라크에서 그냥 손을 털고 물러날 수는 없을 것이다. 그럴 미국도 아니다. 점심 한 끼도 공짜가 없는 세상인데 하물며 3,500여 명에 달하는 귀중한 자식들을 이라크 전쟁에서 잃었다.

부시는 미워했지만 미국의 뉴욕과 같은 번화가로 통하는 이라크 수도 바그다드의 '아라사트'에서는 여전히 거리에서 팝송의 물결이 일렁이고 있다. 때를 기다린 것이다. 이제 이라크는 두 번의 총선을 치렀고, 가뜩이나 부족한 사회적 인프라 확보가 절실하기 때문에 유전개발에 따른 오일머니가 필요하게 되었다. 이를 통해 미국과 이라크는 석유를 매개해서 두 나라의 관계개선은 물론이고 '포스트 후세인'을 완결시키려는 공감대가 형성되기 시작했다. 그동안 전쟁은 미국이 했으면서도 실속은 이란이 차지한 것을 이제는 그냥 보고만 있을 수 없었을 터다.

이 때문에 석유정치학적인 견해에 따라 미국계 럭셔리 호텔들은 중동지역 아부다비에 비즈니스 둥지를 트는 일에 열공(?)하고 있다. 메리어트 호텔 역시 올해 안에 사우디아라비아에 호텔을 오픈할 예정이다. 일부는 전후복구사업으로 포장하고 있지만, 그냥 지천에 묻어 있는 이라크 키르쿠크와 바이지 유전지대의 실상을 한번 접하면서 재스민 혁명, 빈 라덴 사후 문제, 이라크 유전 개발 비즈니스를 함께 교집합해 보면 미국의 아부다비 사랑은 이미 답은 나와 있다.

이라크는 사우디에 이어 석유 매장량이 세계 2위다. 유전개발이 완수되면 하루 700만 배럴 수출도 가능하다. 차제에 우리는 규모의 경제에서 석유산업의 비중을 이해해 석유 관련 로비스트들에게 비즈니스 장소로서 호텔의 공간은 그래서 필요하고 중요함을 알 수 있다. 동시에 루브르박물관 아부다비 분원 개관에 따른 해외여행객을 위한 호텔 특수도 겸할 것 같다. 따라서 이를 간과하거나 외면한다면 자원빈국 코리아의 내일은 항상 고유가 행진에 끌려만 가는 형국으로 자위(自慰)할 수밖에 없을 터다. 하긴 서구의 비즈니스 잣대로 보아도 이런 생각이 나만의 단견(短見)이라면 얼마나 좋을까 싶다.

8. 중동지역 베스트셀러와 아부다비 히트상품

해외여행에서 문화체험은 별미(別味)다. 문화여행에서 현지의 유산과 역사를 접하는 일은 공부의 백미(白眉)가 된다. 동시에 마케팅 관측은 문화체험의 비즈니스거리로서 쏠쏠한 재미와 함께 현지의 트렌드와 히트상품에 대한 경제공부까지 겸한다. 이 세 가지 관점은 곧 해외여행이 외화의 낭비가 아닌 글로벌 마인드의 축적을 이루는 첩경으로서 명분론의 으뜸이 될 수 있다.

하긴 나라마다 국가 기준이 되는 국격(國格)이 있고, 기업은 품격

(品格)을 높여야 하고, 국민은 인격(人格)을 겸비해야만 지구촌 소비자로서 자격과 자질이 붙게 되기 때문이다. 이를 이용하거나 인용하면 해외여행에서 문화체험이 주는 편익처럼 지구촌 소비자가 요구하는 수준의 글로벌 인재로서 당당하게 명함을 내밀 수 있다.

여기에 도움말로는 최근 KOTRA가 발표한 『키워드로 본 2011년 글로벌 소비 트렌드』(5월 6일자 발행)가 제격이다.

◆ 키워드로 본 2011년 글로벌 소비 트렌드

잘 정리된 이 자료에서 내가 주목한 대목은 중동지역의 베스트셀러와 아부다비 히트상품에 대한 조사와 연구 결과다. 예를 들면 할랄 제품인 네슬레의 키캣 초콜릿은 중동지역의 베스트셀러이고 아부다비의 히트 상품으로서 지난해를 기준해 전년 대비 12%의 신장세를 보였다고 한다.

여기서 할랄 제품은 이슬람이 허용하는 제품이거나 식품을 의미한다. 이슬람을 믿는 지구촌 무슬림이 15억 명에 이르고 있어서 할랄 상품군(群)은 이미 베스트셀러와 히트상품으로서 떼 놓은 당상이나 마찬가지다.

그렇다면 시각을 달리해서 중동지역과 아부다비 의약품에 대한 베스트셀러와 히트상품을 찾아보는 일도 필요할 것이다. 이를 테면 할랄 웰빙 제품으로서 수출상품이 될 수 있는 아이템 순례에 나서는 일이다. 이는 국격과 품격, 그리고 인격을 함께 겸하는 비즈니스거리가 되기에 그렇다. 실제 이 지역에는 비만 환자와 당뇨병 환자가 의외로 많다. 사막지대를 형성하는 높은 기온 때문에 운동과 휴면에서 상대적으로 부족하게 되면서 생긴 고질병이다. 여기에 필요한 치료제는 세계적인 의약품 메이커들에 의해서 이미 점령당한 상태이지만 이명박 정부가 10년 이후 먹을거리로서 바이오제약을 선정해 육성하고 있기 때문에 자연스럽게 이 분야를 체크리스트로 삼게 되었다. 또한 현재 한국에서 치료제 관련으로 이슈화되고 있는 '리베이트 문제'와 '리베이트 상행위'는 현재 나의 관심사라는 충분조건까지 갖추고 있다. 최근 국내 한 경제신문 매체에 게재된 내용에서 고무(?)된 것과 무관하지 않을 터다. '제약산업, 망해야 살 수 있다'(<매일경제> 2011. 6. 1일자 참조)에서 발췌한 실명기자의 기사 내용이다.

"한국 제약산업 수준은 초라하다 못해 안쓰러울 정도다. 연간 국내 의약품 시장 규모는 13조 원 안팎이다. 이 중 외국계 제약사 몫을 빼면 8조 원 정도다. 여기에 뛰어든 국내기업은 300개를 훨씬 넘는다. 한 개 회사당 평균 매출은 200억~300억 원꼴이다. 세계 1위 메이커 화이자(전년도 매출 74조 원)와는 비교조차 할 수 없다."

그렇다고 해도 마케팅 개념의 보고(寶庫)인 '틈새'와 '차별화'와 '경쟁력 확보' 등을 교집합해 보면 피안(彼岸)의 문제만은 아닐 수 있다. 한국에 비만과 당뇨병으로 고생하는 환자가 얼마나 많은가? 국민적 관심사로서 현안문제가 아닌가? 이를 치료하는 훌륭한 한국 의사들의 연구와 치료 경험은 국제 수준급이 아닌가?

이를 위해 리베이트로 흘러가던 검은돈을 R&D로 돌려놓아야 한다는 위정자들의 립서비스 대신, 이를 공론화는 일에서부터 중동지역 제약시장의 입구전략을 만들면 어떨까 싶다. 우선적으로 해외여행 상품에 문화마케팅을 포장시키듯 비만과 당뇨병 환자에게 탁월한 한국 제약사 제품을 '성공 스토리'로 등극시켜 중동지역 언론매체를 통한 홍보와 광고를 믹싱하는 수준의 포지셔닝 전략에 대한 주목을 제안하고 싶다.

중동지역 도시국가 아부다비를 포함한 걸프협력회의(GCC) 소속 6개국에서 한해 비만과 당뇨병 치료제는 이미 10억 달러(1조원) 시장 규모로 커져가고 있다. 우리 모두가 잘 알고 있고 또 기대되는 블루오션이 따로 없는 것이다.

9. 서울과 트리폴리를 다시 잇는 아부다비 파워

서울에서 리비아 수도 트리폴리로 가는 직항편은 없다. 있다면 서울(인천공항)에서 아시아나항공(또는 에티하드항공)을 이용해 아부다비공항을 거쳐 가는 길이 있다. 또는 서울에서 대한항공(또는 에미레이트항공)을 타고 두바이공항을 거쳐서 트리폴리로 가는 길이 있다. 그것도 아니라면 서울에서 대한항공을 이용해 카이로로 들어가서 다시 트리폴리로 가는 길이 이를 대신할 수 있다. 누구나 잘 아는 사실을 이렇게 자세히 안내하는 것은 최근 리비아 사태가 급변하게 돌아가고 있어서다. 그만큼 리비아 사태는 나토(NATO)군을 등에 업은 서방국가 정상들 사이에서 자국의 이익과 직결되고 있다는 판단에 따른 군사외교의 전형을 드러내고 있다.

우선 엄청난 내전 복구비와 석유자본 확보의 향배가 복합된 이권이 있기 때문에 서방 정상들에게는 한 치의 양보가 보이지 않는 그야말로 세기적 비즈니스거리를 외면할 수 없는 메리트가 존재한다. 지난 3월 초순 리비아 서부 쪽 사막도로 위에서 픽업트럭에 뛰어오르는 키레나이카(리비아 동북부지역) 시민군들의 모습이 모든 위성채널에서 반복적으로 방영된 이후 결국 나토군이 참여하게 되었다. 이후 나토군이 감행한 8천 번의 포격과 6개월 이상의 내전을 치르면서 서방국가 지도자에게는 군사외교의 명분과 이익을 기대하게 되었다.

◆ 카다피는 가도 부족들은 남는다

  선수치기는 프랑스와 영국 양 정상들에게서 시작되었다. 지난 9월 15일(현지시각) 니콜라 사르코지 프랑스 대통령과 데이비드 캐머런 영국 총리는 무아마르 카다피 속출 이후 외국 정상으로는 처음으로 리비아를 방문하였다. 이들의 발 빠른 리비아 방문은 시민군이 수립한 과도국가위원회(NTC)에 힘을 실어줌으로써 '포스트 카다피' 체제에서의 입지를 선점하기 위한 실리적 외교안보의 행보로 풀이될 수 있다.
  사르코지 대통령과 캐머런 총리는 이날 각각 헬기를 이용해 트리폴리의 메티가공항에 도착하였다. 두 정상은 NTC의 2인자 마무드 지브릴의 안내를 받으며 트리폴리의 의료원과 코린시아 호텔 등 주요 시설을 둘러보았다. 의료원 병실 3곳을 둘러본 두 정상이 부상자를 위로하자 리비아인들은 이들을 향해 "고맙다"는 말을 연발했다. 이 두 정상은 이날 무스타파 압델 잘릴 NTC 위원장과 기자회견을 열고 리비아 사태가 끝날 때까지 시민을 보호하기 위해 나토의 임무를 계속 수행할 것이라고 밝혔다. 잘릴 위원장도 "이제 동맹국들은 앞으로 리비아와 맺을 각종 공사와 석유개발권에서 우선권을 가질 것이다"라고 화답했다. 이번 방문에는 리비아 혁명을 지원하도록 사르코지 대통령을 설득했던 프랑스 철학자 베르나르 앙리 레비가 동행했다.

앞서 제프리 펠트먼 미국 국무부 중동지역 담당 차관도 14일 트리폴리를 방문했다. 지난 8월 23일 카다피 요새 함락 이후 리비아를 방문한 최고위급 미국 관리다. 이틀 간격을 두고 서방국가들이 리비아 트리폴리를 방문한 것은 '카다피는 가도 부족들은 남는다'는 엄연한 현지 인식을 바탕에 두고 실리적 외교전쟁을 펴는 형국과 마찬가지이다. 동시에 이를 간파한 한국 정부의 대응책도 기민하게 움직이고 있다. 우선 피신한 대사관 업무를 복구시켰다. 리비아 사태 이전의 한국 기업이 리비아 전역에서 펼쳤던 공사는 모두 24곳에 미수입된 공사금액은 80억 달러에 달했다. 트리폴리와 자위아 등에서 주택 1만 가구와 인프라스트럭처에 임했던 신한건설은 외통부로부터 트리폴리 입국허가 승인을 받아 오는 26일 1차로 발주처와 피해조사를 위해 직원들 파견에 나선다.

같은 맥락에서 한국은 리비아 사태의 미완을 완결시키기 위해 다음 두 가지 시나리오가 힘을 받고 있다.

하나는 나토군을 등에 업은 서방국가들과 동급의 리비아 재건과 석유자원 확보를 위한 선제조치로서 협력 체계를 이루는 일이다. 우선적으로 지금과 같은 아부다비 정부와의 협력관계 구축을 바탕 삼아 현재 아부다비에 둥지를 틀고 있는 미국 업체와의 윈윈윈을 도모하는 일이 그것이다. 전 세계 건설부문에서 독보적인 존재인 미국 벡텔(Bechtel)과 석유 관련 업체인 핼리버튼(Halliburton)과 손을 잡는 일이 하나의 좋은 대안이 된다. 벡텔은 미나(MENA=중동＋북아프리카) 지역에서 확실한 명성과 다져진 영업력에 의해 터줏대감으로 군림하고 있어서다. 또한 세계적인 석유·천연가스업계의 기린아 핼리버튼은 막대한 자금력과 정보력으로 천연자원 발굴과 유정 서비스에서 발군의 실력자로 유명세를 타고 있다. 더욱이 OPEC의 존재가치와 석유정치공학이 엮고 있는 세계 석유질서가 그렇게 요구함을 감안하면 저절로 수긍이 갈 수밖에 없기 때문이다.

둘은 아부다비 정부와 이들 업체를 등에 업고 향후 여러 가지 국책사업을 함께 진행시키는 일이다. 한국은 이미 아부다비 정부와 향후 10억 배럴 유전개발 참여가 기성사실화되어 있다. 이를 통해 산유국의 꿈을 키워야 한다. 그래야만 최근 이라크 쿠르드의 400억 달러 실패를 만회할 수 있는 기회로 가늠함이 가능해진다. 위기가 곧 기회이듯이 쿠르드 석유자원 개발의 실패에 대한 실수를 자인했다면 여기에 대한 미련부터 잊어야 한다.

리비아를 대안으로 삼으면 된다. 그 전제조건은 바로 아부다비의 파워를 믿고 그들을 움직이는 것이다. 그러면 벡텔과 핼리버튼은 우리 편이 될 수 있다. 그들은 미나 지역에서 일취월장하고 있는 '빅 코리아(Big Korea)'의 저력에 내심 기대를 걸고 있다. 이를 설명하기 위해 나는 서울에서 트리폴리로 가는 세 가지 항로를 촌스럽게 이 칼럼의 처음부터 소개하는 우(愚)를 범하고 말았다.

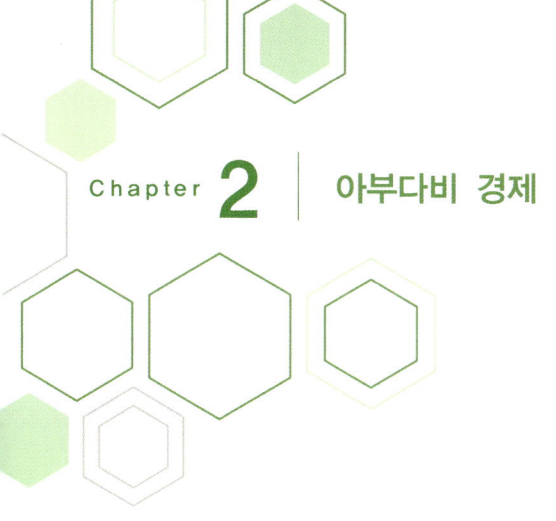

Chapter 2 | 아부다비 경제

1. 이것이 진짜 아부다비 상술(商術)이다

우리가 일상에서 흔하게 쓰는 말 가운데 '진짜'라는 단어가 있다. 진짜의 반대말은 가짜이다. 누구나 다 아는 국어 상식이다. 그래도 굳이 이를 화두로 삼은 것은 최근 '아부다비 통신'에서 아부다비 신사 유람단 일행이 한국을 방문하면서 던진 메지지를 덕담과 쓴소리로 구분해 게재한 바 있어서다. 또한 2차 방문단에 포함된 아부다비석유공사 소속 엔지니어인 아부람 굿웰이 이를 읽고서 훈수를 보내왔기 때문이다.

우선 내가 보고 듣고 느낀 대로를 여과 없이 옮긴 것은 좋았지만 본질적인 부족을 지적하고 있었다. 요지는 아부다비 처세술과 상술에 대한 이해부족에다 아부다비가 요구하는 글로벌 마인드에서 함량미달이라는 지적이다.

아부다비 에미리트들은 타고난 장사꾼이라는 극찬의 화장술과 포장술을 고르게 섞어찌개로 대접해주었지만, 이를 아부다비 경제관점에서는 유치원생(?) 수준이나 다름없게 여겼던 것이다. 분명 여기에는 한국 로펌들이 중동지역을 외면하고 늑장 진출하여 영국계 로펌이 대신 자리를 차지하는 형국으로 발전한 까닭도 있다. 그렇다고 해도 나는 유치원생이 되면서까지 그들에게 PR 효과로 칭찬과 찬사를 받을 줄 알았는데 예상을 빗나가 한동안 머쓱해지고 말았다.

◆ 세계경제는 일의대수(一衣帶水)의 시대

2011년을 '아랍의 해'로 지칭해도 하등 손색이 없는 재스민 혁명은 현재 진행 중이다. MENA 지역의 민주화 열기는 이제 끝이 아닌 시작이다. 버락 오바마 미국 대통령도 햄릿의 고뇌로 아직까지 방황 중이다.

"중동의 민주화가 우선이냐, 아니면 미국의 국익이 우선이냐!"

우선적으로 실익부터 찾으라는 지적이다. 이를 위해서 한국 정부와 한국 기업들은 아부다비 정부가 요구하고 신뢰하는 수준의 영국 로펌과의 윈윈윈 테크(win-win-win tech)를 지향해서 이를 통해 10억 배럴 유전개발 프로젝트에 임하라는 훈수다. 그래야만 아부다비투자청(ADIA)과 노르웨이투자청의 국부펀드를 움직이는 바로미터가 될 수 있다는 지적이다. 달러가 마냥 쌓이고 있는 중국 정부마저 국부펀드를 늘려가는 실정이기 때문에 중국펀드의 참가는 상대적으로 높다는 사례까지 곁들였다. 친절하게도 아부다비와 런던과 서울에 둥지를 틀 예정인 영국계 로펌 클리프찬스와 링크레이트와 프레스필드 등을 소개하고 있을 정도다.

한국 국회에서 아직까지 낮잠을 자고 있는 수쿠크 특례법 통과를 무작정 기다리기보다는 현실적으로 영국계 로펌을 통한 삼각연대 방식, 이를 테면 세계는 이제 일의대수 시대로 발전함을 간과해서는 안된다는 지적이자 주문이다.

◆ 케이스스터디로 본 대박 예감

런던증시 상장기업인 카작무스는 최근 한국 국세청으로부터 탈세업체로 몰리고 있어서 안타까움을 더하고 있다. 하지만 런던증시 상장 성공에 따라 '카작무스'의 대박은 아부다비증시에서 호재(好材)로 평가받고 있다. 카작무스는 많은 아부다비 에미리트가 관심을 가지고 있는 메이커이자 자원 아이템이기 때문이다. 신선한 충격이 따로 없다.

중앙아시아 카자흐스탄의 최대 구리 채광업체 카작무스 차용규 사장은 기업인수합병(M&A) 기술과 런던증시 상장의 관문을 통과해서 '카자흐 1조(兆) 신화의 주인공'으로 등극되었다. 이것 역시 중앙아시아 카자흐와 런던과 홍콩을 삼각연대 방식으로 묶어낸 비즈니스 모델(BM)이 되면서부터 새로운 투자의 지평을 열었다. 우리가 자랑하는 G20 국가 수준에 멀리 떨어진 중앙아시아에서 해외자원 구리를 가지고 대박을 얻어낸 비즈니스 방식과 비즈니스 기술까지 아부다비 에미리트는 크게 주목한 것이다. 역설적이게도 이게 21세기 지향의 아부다비 상술의 전형이 되고 있다. 뿐만 아니라 미래 비즈니스 모델의 극치로서의 대접까지 겸하고 있다. 예컨대 아부람 굿웰의 평가를 액면 그대로 믿을 수 없지만 그 가능성 확보 차원에서 카작무스는 고려대상을 넘어 케이스스터디감이 된다. 왜냐하면 타고난 장사꾼인 아부다비 상술이 걷는 방향과 일치하고 있어서다. 이를 확대 해석해보면 그의 지적과 훈수는 바로 아부다비 상술의 진면목과 일맥상통한다.

최근 한국과 아부다비 사이에서 벌어지고 있거나 또 벌어질 국제 비즈니스 현장에서 국부가 되는 길은 먼 곳에 있는 것이 아니다. 한국의 잣대로 카작무스의 탈세방식은 지탄의 대상이 되지만, 아부다비 상술의 잣대로는 우등생이기 때문이다. 그래서 진짜와 가짜의 차이는 종이 한 장의 두께로 보는 것이다.

2. 아부다비에서 비즈니스 성공을 위한 5단계 대응 메뉴

중동지역 도시국가 아부다비를 상징하는 피조물은 여러 가지가 있다. 그러나 열사의 나라답게 '낙타'는 사막의 국가 이미지로서 안성맞춤이다. 그래서 낙타 한 마리 값이 천문학적인 수치로 이해되고 있다. 내가 확인할 결과 1천만 원으로 가르쳐준 분도 있고, 다른 분은 1억 원이라고 얘기하기도 했다. 어쨌든 아부다비에서는 이 귀하신 몸인 낙타와 함께 매까지 보태서 '아부다비 상징물'로 가늠되고 있고 또 그렇게 이해되고 있다. 이를 방증하듯 아부다비를 소개하는 책자마다 낙타와 매는 유산(heritance)으로 등재돼 있었다. 영어의 알파벳 가운데 C와 G의 두 문자는 낙타 등의 혹을 보고 만들었다고 전해지고 있을 정도다. 버터의 발견도 낙타에서 비롯된다. 사막생활에서 가장 적합한 낙타는 눈을 감고서라도 앞을 보는 능력을 지닌 이유에서 피조물의 으뜸으로 간주되고 있다.

그래서 보는 것만 믿고, 보는 것에서 지갑을 연다. 우선적으로 보는 것을 통해 후한 점수를 주는 것이 상행위의 으뜸 조건이 되어버렸다. 그 어떤 화려한 카탈로그라든가 영문으로 포장한 회사 소개서에 우선하여 실제 보여주는 노력 여하에 따라 각종 비즈니스 기회가 열린다. 아니 시작되고 있다. 그래서 역(逆)으로 그들을 거래 대상으로 만들기 위해서는 다음 다섯 가지 기준을 설정해서 참고 리스트로 삼는 노력이 필요하다. 한마디로 아부다비 비즈니스 성공에 이르는 5단계 대응 메뉴로서 그만큼 절대적 가치를 지니고 있는 것이다. 이를 통해서 미국 달러($)라든가, 아부다비 지폐인 디람(Dirham-미화 1달러는 3,65달러 내외)을 만져보는 행운의 주인공이 될 수 있다.

우선적으로 국제경쟁력이 있는 가격의 제시다. 아부다비에 통하는 각종 상품과 용역은 세계에서 가장 가치가 있고 경쟁력이 구비된 제품이 필수조건이자 우선순위에서 으뜸이다.

두 번째 단계는 국제 규격의 통과다. 특히 할랄 푸드는 인증마크가 붙은 제품에서만 거래가 성립되고 있다.

세 번째 단계는 GCC 권역에서 공통된 조건이 되고 있는 '스폰서 피(fee)'라는 제도가 존재함을 인정해야 한다.

네 번째 단계는 모든 거래에서 법률적 자문과 거래 행위를 법적으로 인정할 수 있는 로펌의 증서가 구비되어야 한다. 가능하면 아부다비와 런던을 거쳐 서울까지 법률적 하자를 확실하게 아우르는 영국 로펌이 가장 유리하다. 한국과 EU 사이에 맺은 FTA 성립 이후 런던 로펌들이 이미 서울에 진출하고 있다. 그들에게 용역 업무를 주면 효과는 배가 될 수 있다.

마지막 다섯 번째는 일정 부분 현지인 고용이 덤으로 붙는다.

이 다섯 가지 단계를 거치지 않거나 대응에 소홀히 한다면 아부다비 비즈니스에서 명함은 그냥 종이에 불과하다. 그럼에도 불구하고 조(兆) 단위의 해외플랜트 수주를 성사시키기 위해서 한국 건설사들은 이를 소화(?)해서 졸업했기 때문에 수주 가능성은 상대적으로 높다. 문제는 한국에서 중동지역에 진출한 종소기업들이 여기서 애를 먹거나 재(再)구매의 벽을 넘지 못하고 그냥 주저앉는 경우가 매우 많다는 것이다. 이 때문에 아부다비에서 비즈니스성공확률은 고작 3.5%에 머물고 있다. 신문매체에서는 MOU를 대대적으로 보도하고 있지만 이것은 거래를 위한 하나의 요식행위에 지나지 않는다.

앞에 소개한 성공확률 3.5%를 재(再)구매로 다시 대입시켜보면 성공률은 고작 2.0% 내외다. 믿기지 않겠지만 이게 바로 최근 아부다비 비즈니스의 현주소이자 진실게임의 본질이다. 그렇다고 해도 이게 진실게임의 본질이라면 '손실 발생'은 수험료로 치부하고 재도전에 올인하거나 실행한다면 결과는 의외로 쉽게 찾아오는 경우도 없지 않다.

틈새는 비즈니스 어디에나 있기 마련이다. 이를 적절하게 이용해서 해당 상품에다 덧칠을 하면 불가능을 가능하게 하는 비즈니스 문이 쉽게 열릴 수도 있다. 바로 현대 마케팅에서 통용되고 있는 '문화마케팅'이 한 대안이 된다. 이를 테면 셀링 마케팅이 아닌 바이어 마케팅 개념에 따라 문화의 힘을 지렛대로 삼는 마케팅 기법을 차용한 일이다. 사람이 사는 곳은 어디에나 마찬가지다. 이익에 우선하여 포장과 미화에 매우 약하고 또 약하다. 이를 크게 차용해서 상품(또는 용역)에 문화를 덧칠하는 전략적 대응책을 구비시켜 아부다비 비즈니스 최전선에 나서면 결과는 의외로 성공확률이 높을 수 있다. 예를 들면 지난해 전주MBC방송국이 제작한 다큐멘터리 3부작 '아리울'을 시청하고서 아부다비 관련 공무원이 직접 새만금을 찾아가는 극성을 목격하였다. 다른 도움말로는 아부다비 현지 최대 신문매체인 '더 내셔널(The National)'에 관련 기사나 광고를 통하면 반응과 성과는 절대적 가치로 작동될 수 있다.

통상 회자되고 있는 언론 마케팅의 위력을 간과한 기업들이 상대적으로 많다는 점이 옥에 티로 남고 있다. 이것 역시 아부다비에서 비즈니스 성공을 위한 5단계 대응 메뉴에 추가할 사항에 속한다. 이 때문에 가장 간과했던 문화 마케팅의 위력과 진수를 주문형식으로 차용해 이렇게 읊조리고 싶다.

"팔고 싶으면 상품(또는 용역) 제시에 앞서 문화부터 팔고 이를 지렛대로 삼는 현대 마케팅부터 챙겨라."

3. 아부다비투자청(ADIA)이 한국 투자를 선택한 진짜 이유

아무리 평가절하해도 오일머니의 매력과 위력은 국부펀드(SWF) 운용자에게 항상 관심의 중앙에 서 있다. 여기에 3조(兆) 달러에 달하는 이슬람 금융의 위력과 깊이도 같은 괘도를 밟고 있어서 세계 금융가는 그들을 향한 안테나를 세우는 데 혈안이 되고 있다.

우선 돈에는 꼬리표가 없기 때문에 이들의 투자대상과 투자메뉴는 화제를 낳고, 결국 이 화제는 투자대상 국가의 신용도에서도 일정 부분 플러스 요인으로 작용하기 마련이다. 최근 세계 최대 국부펀드를 운용하고 있는 아부다비투자청(ADIA-운용기금은 6,270억 달러)은 한국 우리금융에 지분참여 의사를 공공연하게 발표해서 목하 여의도 금융가에 화제로 등장하고 있다. 여기에 쿠웨이트투자청(KIA-운용기금은 2,030억 달러)까지 가세하여 이제 한국은 오일머니 수혜국으로 등장하고 있다.

따라서 이명박 정부는 이를 진지하게 검토해서 향후 10억 배럴 유전개발 프로젝트에 필요한 130조 원에 달하는 자금으로 차용하는 일을 검토하기 시작했다.

◆ 130兆 아부다비 유전개발 프로젝트 자금과 석유 콤비나트 수주에 따른 시드머니

아부다비 도심에서 서쪽으로 330km 떨어진 브라카에서 원자력발전소 건설에 즈음하여 새롭게 발표된 3개소 유전개발 프로젝트를 완성시키기 위해서는 국부펀드의 운용자금이 필요하다고 판단한 모양이다. 이 판단에 편승한 중동지역 펀드들은 한국 금융회사에 대한 투자를 위한 '쌍방계약'을 주문하고 있다. 이에 따라 이들은 컨소시엄을 통해 간접적으로 경영권을 행사할 가능성도 있어서 관심이 크게 확대되고 있는 추세다.

한국 금융권의 고위 관계자는 3월 24일 "정부가 석유 관리의 확보를 위해 아부다비투자청에 어떠한 형태의 혜택을 주기로 동의했다"고 밝혔다. 아부다비투자청과 쿠웨이트투자청 등의 한국 금융권 투자는 두 가지 시나리오가 등장할 수 있다. 하나는 금융권 투자를 전문으로 하는 사모펀드에 투자해서 이 회사로 하여금 우리금융과 산업

은행의 최대주주가 되게 하는 일이다. 다른 하나는 여러 개의 국부펀드가 컨소시엄을 구성하여 각각 9% 지분을 확보하는 일이다.

현재 한국 금융권에 따르면 비금융권자 또는 산업자본은 은행지분 9%만 획득하도록 법으로 정해졌다. 하지만 ADIA의 속내는 우선적으로 마땅한 투자처가 없다는 데서 한 대안으로 이명박 정부를 선택한 것으로 이해된다. 미국과 일본에 대한 투자지분을 축소하면서 그 남은 돈의 일부를 이명박 정부에 대한 투자로 고려한 것으로 볼 수 있어서다. 여기다가 중국투자공사(CIC)의 왕성한 식욕을 그대로 보고만 있을 수 없을 것이다. 때를 맞추어 이명박 정부가 아부다비 유전개발 프로젝트에 매우 적극적인 점을 고려해서 정한 투자환경이 도사리고 있음도 부정하기 어렵다. 향후 이명박 정부가 아부다비 유전개발이라든가, 쿠웨이트 천연가스 개발비용으로 자금을 충당하면 손익계정에서 하등 손해를 볼 수 없는, 이를테면 리스크 측면에서 더 나은 방법을 찾기가 쉽지 않다고 판단한 셈이다.

그동안 한국은 '수쿠크=9·11테러 자금'으로 인지해서 한국 국회는 이슬람금융운용에 대한 관계 법령을 아직도 방치한 상태다. 그들 시각에서 바라보면 '배부른 코리아의 배싱'이나 마찬가지일 것이다. 그런데도 그들은 코리아 러브콜에 인색하지 않고 있다. 반면 중국은 등소평 정부부터 흰 고양이든 검은 고양이든 쥐만 잡으면 된다는 소위 흑묘백모(黑猫白貌)에 의해 지금의 중국국부를 창출했다. 그렇다면 아부다비투자청이 한국을 선택한 진짜 속내와 속심은 무엇일까? 무슨 의미일까? 무엇을 필요로 하는 것일까?

지난 2009년 12월 아부다비투자청이 미국 시티은행에 75억 달러를 투자했다가 글로벌 금융위기 발생으로 주가가 급락하자 투자지분 불이행을 들어 투자계약을 취소하는 법적 대응에 나선 점을 인지해서 이를 읽어야 할 필요가 있다. 이 때문에 내가 앞에서 언급한 대로 세 가지 물음을 곱씹고 또 곱씹어서 향후 이명박 정부는 우선순위부터 챙긴 다음 동반성장의 위상과 이미지에 걸맞은 과제설정이 미션으로 남는다.

도움말로 아부다비투자청은 세계 최대의 국부펀드 운용기관답게 돈에 대한 노하우에는 달인이다. 고작 300억 달러 운용자금을 굴리고 있는 한국투자공사의 최근 손익계산서를 다시 들춰보면 아무리 오일머니의 평가절하를 감안해도 그들의 최근 투자행보는 돈의 꼬리표가 붙지 않는 다른 수준의 국보급일 수 있다. 아부다비투자청이 이명박 정부를 투자처로 선택한 진짜 이유는 이게 바로 명분과 실리가 함께 조화를 이룬 명작의 한 대안이기 때문이다.

4. 아부다비가 한국 기업에 던진 훈수(訓手)

바둑세계에서 훈수(訓手)는 필요악이다. 이는 전문 기사(棋士)들의 한결같은 지적이기 때문에 가능하면 이를 지키는 게 본분(本分)이 된다. 그렇다고 해도 큰 타이틀이 걸린 대국을 보면 볼수록 훈수에 대한 유혹을 외면하기가 매우 어렵다. 바둑세계의 프로들이 타이틀을 걸고 하는 바둑게임에서 아마추어가 낄 틈도 없지만 그들의 한수 한수는 오목 수준의 내게는 몇 수 앞서고 있다는 데 동의하면서도 한편으로는 훈수가 나오기 마련이다.

그러나 훈수의 한계를 알았다면 얘기는 달라진다. 지피지기하면

백전백승이라는 사자성어에 힘을 받았다면 필요악이 아닌 필요선이 될 수도 있다. 때마침 MENA 지역에 불고 있는 민주화 요구로 해외 건설경기가 죽을 쑤면서부터 중동특수는 그림의 떡이 되고 있다. 그게 완료형도 아니고, 시작도 아니라는 데 문제가 도사리고 있다. 지금의 리비아 사태가 그 본보기다.

◆ 중동시장에 올인하는 한국 기업들

하지만 수출입국 코리아에게서 중동지역 건설공사는 반도체와 조선에 버금가는 국부의 원천이어서 중동지역 여론과 아부다비 에미리트들의 조언과 훈수에 귀를 기울이는 지혜는 많을수록 좋다. 왜냐하면 올해 들어 아부다비에 둥지를 튼 한국 기업들의 수가 상대적으로 많아지고 있기 때문이다. 재탕하자면 아부다비 인터콘티넨탈 호텔의 로비에서 자주 접하는 한국건설사 대표들의 빈번한 출입이 이를 잘 방증하고 있다.

올해 1월에는 현대건설이 1억 6,900만 달러의 아부다비 플라스틱 플랜트 수주를 시작으로 10억 배럴 아부다비 유전개발권 확보에 이르기까지 다양한 메뉴들을 연달아 이어가고 있다. 세계 메모리반도체 1위인 한국과 시스템반도체 2위인 아부다비는 동반성장을 위해 합작사 형태를 추진하고 있다. 한국 정부의 미래기획위원회와 아부다비 정부의 미래전략기구가 손을 맞잡고 벌이고 있어서 그 가능성에 많은 기대를 걸게 한다.

또한 이달에 들어서는 GS칼텍스가 아부다비사무소를 개설하여 둥지를 틀었다. 허동수 GS칼텍스 회장과 유세프 아부다비국영회사

(ADNOC) 총재, 그리고 권택균 UAE 대사 등이 함께 찍힌 사진이 아부다비 신문매체 '더 내셔널'을 크게 장식했다.

그러나 산이 높으면 골도 깊은 법이다. 2009년 12월 수주한 아부다비 브라카 원자력발전소 첫 삽질이 470일 만에 이루어진 점만 보아도 이를 충분히 설명하고 있다. 여기에 대해서는 현대건설의 플라스틱 플랜트 수주사실을 처음 보도한 이반 가르(Ivan Gale) 더 내셔널 기자의 신문 행간을 읽어 보면 한국에 대한 훈수가 그대로 녹아있다. 이는 크게 세 가지 측면에서 실질적 유추가 가능해진다.

하나는 아부다비에 상존하는 로비 조직이 전무하다는 점이다. 하긴 유럽연합(EU)을 상대해서 한국의 국익을 대변할 로비 조직은 현대상사 외에는 아직 없다. EU본거지인 벨기에 수도 브뤼셀(Brussel)에는 로비 조직이 물경 2,300곳에 이른다고 하는데 한국은 한 곳이라니 할 말이 없지만 동네 축구팀과 월드컵 4강팀과의 한판 승부로 비유되는 아부다비 유전개발에 즈음하여 훈수 이상의 가치가 있을 터다.

둘은 언론정책의 부재다. 아부다비 힐튼 호텔에 상주한 일본 종합상사들은 끊임없이 기업광고를 게재하여 '나 여기 있소'를 알리고 있다. 고작 삼성전자의 TV광고와 LG전자의 냉장고광고 등의 상업광고를 제외한 기업광고는 여기에서 항상 열외다. 그래도 주식회사 중국은 넘치는 미국 달러에 힘입어 선심공세가 가능하지만 한국 기업들은 알면서도 외면할 수밖에 없다는 점을 아부다비 에미리트에게 어떻게 설명해야 좋을까?

마지막 셋은 문화마케팅에서의 열외다. 문화의 덧칠은 그 어떤 기술보다 비교우위를 점한다. 세계가 평평하듯 기술세계에서도 각종 테크놀로지는 도토리 키 재기와 마찬가지다. 기술의 발달 속도가 광속을 닮아가고 있어서 동질성 확보를 통한 문화적 접근이야말로 중동 지역 시장의 새로운 키워드다. 보는 것만 믿는 그들이기 때문에 한국 정부 차원이든, 기업 차원이든 큰마음 먹고 영어든 아랍어든 양자택일하여 아부다비 안방까지 스며드는 다큐멘터리 제작을 통해 공감이익을 얻어내야 한다.

실제로 아부다비 에미리트는 영국 BBC와 일본 NHK가 제작한 다큐에서 신뢰성 구축과 함께 그 방송문화의 가치를 매우 존중하고 있다. 우리가 잘 알고 있듯이 올해 하반기에는 지금의 3개 지상파방송 이외에 4개 종편이 등장하게 된다. '게보린 광고'의 재발을 막기 위해서라도 종편의 진수인 다큐에 대한 사랑으로 이러한 제안을 간과해서는 안 될 것이다. 그래야만 지금까지 한국과 중국이 거듭한 일방통행식의 파는 장사의 다른 표현인 '셀링 마케팅'을 업그레이드시켜 사는 사람 위주의 '바이어 마케팅'의 진수로 진정승부(眞正勝負)를 펼칠 수 있다. 이게 바로 아부다비 언론인 이반 가르 기자가 제시(또는 제안)한 훈수의 요지다. 바둑세계만이 통하는 훈수가 아닌 MENA 지역 비즈니스 세계가 그렇게 요구하기 시작했다.

5. 여성 고객을 챙기고 있는 아부다비 은행 속살 엿보기

시대적 비중은 곧 산업의 척도(尺度)다. 멀리 갈 것도 없이 1990년대는 제조업이었고 2000년대는 휴대폰으로 대변되는 정보기술이었다. 잘 알려져 있듯이 오늘날의 2011년은 서비스업이 이를 대신하면서 그 중앙에 금융업이 도사리고 있다. 세계 경제가 돈이라는 메커니

즘에 의해 증식되고, 이동되고, 또 작동되는 경제 현실을 거론하지 않더라도 세계 금융질서는 이를 요구하기 시작하였다.

중동지역 도시 국가 아부다비의 경우에도 이를 예외로 두지 않고 있다. 아부다비는 산유국의 프리미엄에 만족하지 않고 이를 기반 한 금융업을 통해 산유국 국익만큼 돈을 더 벌어들이는 데 통달한 도시 국가이기 때문이다. 최근 아부다비의 대표적 언론매체 '더 내셔널'의 7월 8일자 기사 '여성 파워의 잠재력을 활용하기 시작한 아부다비 은행의 변신'은 우리에게 많은 시사점을 제공하고 있다. 이 특집 기사를 게재한 알이 하이니(Alice Haine) 기자는 실명기사로 이렇게 헤드라인을 장식하고 있다.

'아부다비 은행들 여성 고객을 챙기기 시작하다(Abu Dhabi Banks beginning to tap into potential of lady power)'

◆ 아부다비 은행의 변화와 변신

특히 이번 기사의 메시지에는 우리가 잘 알지 못한 아부다비 은행의 속살 엿보기의 백미인 통계 수치가 게재되어 있기 때문에 신뢰성을 높였다. 예를 들면 아부다비 에미리트(두바이 포함) 가운데 여성 고객이 운용할 수 있는 돈의 규모가 미화 800억 달러에 달한다고 처음 밝혔다. 또한 이 수치는 아부다비 에미리트들의 평균 은행 채무 규모인 27,247달러(AED 10,000)부터 50,000달러 사이의 분포도를 감안해서 산정했다고 거듭 밝혔다.

하긴 아부다비에 둥지를 틀고 있는 은행으로는 기본자본금 57억 9,500만 달러(2009년 통계수치)의 National Bank of Abu Dhabi를 비롯하여 Emirates Bank(72억 5,700만 달러)와 First Gulf Bank(60억 달러)와 Union National Bank(28억 3,100만 달러) 등이 있다. 이제 아부다비 은행에 여성 고객을 통한 수익 확보는 필연적인 마케팅 방안의 으뜸이 될 수밖에 없다.

여성 고객의 씀씀이가 옛날과 다르게 많아지고 있어서다. 이는 재스민 혁명의 여진에 의한 페미니즘의 부활로 연결되고 있다. 단적인 사례로는 이곳 텔레비전과 신문과 잡지에 게재된 광고의 포지셔닝이 여성 고객에게 많은 비중을 차지하고 있는 것도 이를 잘 방증시켜 주고 있다. 이 때문에 우리의 주목을 받기 시작한 아부다비 은행의 변화는 국제금융전문지인 뱅커(The Banker)가 이미 밝혔던 사안이자 주제였다.

뱅커는 2010년 재무제표를 기준으로 '2010년 세계 1000대 은행' 리스트에 중동지역 은행을 90개나 포함시켰다. 이 은행들은 전 세계 은행 자본금의 3.58%에다 총자산은 1.91%(한국수출입은행 발간, 『수은 해외경제』, 2010년 12월호, 6쪽 참조)에 달한다. 우선 이들 은행은 수익성과 건전성 확보에서 높은 점수를 받으면서부터 이제 여성 고객의 니즈와 지갑의 무게를 겨냥한 돈 장사에 본격적으로 나선다는 시그널이다. 유럽의 명품 브랜드 선호에 그치지 않고 각종 미용제품까지 싹쓸이하기 시작한 여성 고객의 소비 패턴이 이제 작동함을 의미한다.

무엇보다 돈의 냄새를 가장 잘 맡고 있는 아부다비 은행들이 이를 간과한다면 선진금융국가로서 명분과 위신에 금이 가는 일에 해당된다. 그래서 알이 하이니 기자는 이번 특집 기사의 말미에 이렇게 정리하고 있어 더욱 묵시적 가르침까지 겸하고 있다.

'Did you know if you use the ladies-only section of an Abu Dhabi Bank you receive rates and extra services?'

여기서 우리가 주목하고 인지할 대목은 아부다비 은행의 변화와 변신의 큰 의미인 '여성 전용 섹션(ladies-only section)'과 '엑스트라 서비스(extra services)'가 아닐까 싶다.

6. 아부다비증권거래소(ADX) 엿보기

자본시장의 잣대인 시가총액은 곧 해당 기업의 얼굴이고 현재다. 이는 모든 투자자들에 투자기회와 투자관심을 끄는 자석이 된다. 이를 확대해석해서 글로벌 경제로 보면 시가총액은 국력과 산업지도까지 살펴볼 수 있다. 이를 증명하듯 미국발 글로벌 금융위기와 맞물려 중국은 일본을 제치고 당당하게 세계 2위를 꿰찼다.

당시 중국 언론에 따르면 상하이와 선전 증시에 상장되어 있는 중국 A주(내국인 거래용) 시가총액은 총 3조 4,553억 달러로 일본(3조 4,175억 달러)을 뛰어넘었다. 같은 시기 미국 시가총액은 11조 6,975억 달러로 황제 자리를 굳건히 지키고 있다. 지난 2009년 8월 1일자 통계수치다.

이처럼 자본시장의 꽃인 해당 주식시장의 시가총액만 보면 한 나라의 경제와 산업에다 기업의 지형도까지 한꺼번에 볼 수 있다. 하긴 불변이 아닌 가변의 주가 변동에 의해 많은 투자자들이 선택적 기업과 국가에 대한 '종합성적표'라고 인지하고 있다.

이 때문에 아부다비 정부의 국력과 동시에 상장기업에 대한 구조와 자본의 움직임이야말로 이들의 변화를 직시하는 이유중 하나가 된다. 이를 파악하기 위한 가장 쉬운 방법은 아부다비 도심 함단로드에 소재한 아부다비증권거래소(ADX)를 찾는 것이다. 이것마저 불편하다고 생각하면 신문매체를 통한 방법도 없지 않다. 다만 1부에 3디르함(1달러는 3.67dirham)을 지불하여야 한다.

아부다비 언론매체인 '더 내셔널'(2011년 6월 25일자)에 따르면 ADX 지수는 전일 대비 2.50 상승한 2700.84(두바이 지수는 1551.67)를 기록하고 있다. 한눈에 파악하기 쉽게 도식화된 아부다비 증시(Abu Dhabi Securities Exchange General Index)의 흐름은 2011년 3월 11일부터 6월 25일까지 2650.00에서 2700.84를 오르내리고 있었다. 변동의 폭이 안정모드로 진행하는 것을 보면 아부다비 경제의 닮은꼴이다. 천수답 기질에 가까운 한국 증시와 매우 좋은 대조를 이루고 있다.

반면 두바이 증시(Dubai Financial Market General Index)는 같은 기간 1500.05에서 1551.67로 마감되고 있다. ADX에 상장된 기업으로는 가장 거래가 활발한 아부다비 국영 석유회사(ADNE)를 비롯하여 82개 기업군(두바이 증시는 52개)을 거느리고 있었다. 그렇다면 아부다비증권거래소(ADX)에서의 엿보기 백미는 무엇일까? 범위를 좁혀 한국증권거래소(KRX)와 단순 비교로 동질성과 차별성 파악을 통한 대비가 한 대안이 된다. 우리는 바로 이 대목에서 한 가지 놀라운 사실과 맞닥뜨리게 된다. 서울과 아부다비 사이에 존재한 4,000마일의 거리를 좁힐 수 있는 동인이 있기 때문이다. 180만 아부다비 에미리트들의 견해와 예단에 의한 기준으로서 세 가지 측면, 이를 테면 동질성 확보와 개혁의 완비, 그리고 동반상승의 기회 등이다.

◆ 동질성 확보 · 개혁의 완비 · 동반상승의 기회

첫 번째 동질성 확보 측면이다. 우선 ADX와 KRX는 지수사업자인 모간스탠리캐피털인터내셔널(MSCI) 지수에 포함되지 못한 상태다. 그들의 잣대에 의해 한국과 아부다비를 선진국이 아닌 신흥국으로 유지시키고 있어서다. MSCI에서 말하는 선진국이란 주식시장의 크기나 수익률과 안정성과는 무관하게 자본 유출입이 쉬운 나라라는 단적인 사례로서 기준을 삼고 있다.

2000년 선진지수에 편입된 그리스는 올해도 여전히 선진지수로 남았다. 24개 선진지수 국가들 가운데서 그리스는 시가총액 규모가 23위로 한국의 20분의 1에 불과하다. 주식시장의 변동성과 국가경제의 건전성 등의 어느 점을 고려해보아도 그리스가 선진 주식시장이고 한국과 아부다비가 신흥시장이라는 점은 이해되지 않는 부분이다. 합리적인 해외 기관투자가들이라면 한국과 아부다비에 대해서도 선진시장이라는 판단을 내리는 데 필요한 동질성 확보가 절실하게 다가오고 있어서다.

두 번째는 개혁의 완비 측면이다. 바로 이 부분은 한국과 아부다비에서 극과 극의 차이를 보이고 있다. 최근 한국 증시에서는 내부정보 이용으로 억대 부당이익을 내는 일이 비일비재하다. 이것도 부족해서 산업은행과 수출입은행 직원들 중 근무시간에 컴퓨터를 이용해 주식거래로 시간을 때우는 직원의 비율이 적게는 10%, 많게는 30%에 달하고 있다는 사실이 감사원 감사에서 드러났다. 이를 지켜본 아부다비 에미리트들은 이해를 못하고 있다. 감독기관의 컴퓨터 제어 시스템에 의해 불가능한 일이 가능하게 다반사로 이루어지고 있는 점에 대한 평가다. 한마디로 불법 행위 단속을 못하는 것이 아니라 알면서도 거래의 활성화를 통한 수익보장 차원에서 묵인과 동조를 한 것으로 구분하고 있다. 경우에 따라서는 MSCI에 편입되지 못한 이유가 될 수 있기 때문에 아부다비 에미리트들은 이를 아직까지도 이해하지 못하고 있다.

세 번째는 두 나라가 주식시장을 통해 동반상승의 기회를 만들어내는 일에 대한 측면이다. 자원빈국 코리아의 미래는 수출에 의한 부국이다. 이를 위해서는 해외 시장 진출과 함께 자본시장의 편익에 의한 해외무역 진작 필요하다. 아부다비는 매년 석유와 천연가스 수출로 벌어들이고 있는 금액만큼 금융업을 통해서 부를 이루는 일에 달인이자 프로의 수준급에 이르고 있다. 따라서 한국의 기술과 아부다비의 금융을 믹싱해서 동반상승의 힘을 만들어야 한다. 이를 통해 이라크와 아프리카 진출을 가시화시킬 수 있는 모멘텀을 만들어낼 수 있다.

길은 멀리 있지 않다. 이제 두 나라는 향후 100년 동안 쌍무적 발전을 도모하기 위해 손을 잡고 부라카에서 원자력발전소 구축과 함께 10억 배럴 유전개발 프로젝트에도 파트너로서 뛰고 있다. 따라서 아부다비증권거래소의 엿보기는 필요한 화두이면서도 동시에 세 가지 측면이 제시한 내용을 진지하게 고민하는 일을 당연지사로 삼아야 할 것이다.

7. 아부다비석유공사(ADNOC)와 한국석유공사(KNOC)를 잇는 고리

　디즈니 애니메이션을 대표하는 '이상한 나라의 앨리스'는 도지슨이라는 영국 수학자가 루이스 캐럴이라는 필명으로 발표한 작품이다. 1865년도 작품이다. 앨리스 탄생은 올해로 146년이 흐르고 있지만 시공을 넘나들어 한국에 다시 이상한 나라로서 앨리스를 대하는 일이 일어나고 있다.

　결론부터 말하자면 국제유가는 가파른 상승세를 보이고 있다. 정확하게 한국에서 가장 많이 수입하는 두바이산 싱가포르 현물가격은 올해 4월 1일자 시세가 118.64달러다. 그런데도 6일 자정부터는 서울시내 주유소에서 리터당 100원을 인하하는 일이 발생했다. 앨리스라는 소녀가 꿈을 꾸다가 '이상한 나라'로 들어가 모험을 한다. 이 나라에는 반대되는 일들이 뒤죽박죽 얽혀 있는 비현실적인 패러독스와 부조리가 난무한다. 국제유가는 오르고 있지만 내리는 등 마치 이상한 나라의 앨리스를 그대로 닮고 있다. 물론 치솟는 물가를 잡기 위해 정부 당국에 의한 인위적인 가격 통제(統制)임을 몰라서가 아니다. 하지만 공교롭게도 세계 유가의 마지노선으로 알려진 1배럴당 120달러 시대가 도래하지 않기를 바라는 시대상황과 겹치고 있다는 점이다.

　우선 소비자 유가의 오르고 내림은 일시적 현상이라는 데 위안이 될 수 있으나 근본적인 대책으로 미뤄보는 데서 한국석유공사의 분발과 대응에 대한 기대는 상대적으로 높아가고 있다. 한국은 없는 석유를 자체로 만들어내기는 기대난이다. 그래서 석유자원 확보 차원의 분발과 대응은 초미의 관심사가 되었다.

다행스럽게도 KNOC는 두 가지의 가시적 결과에 올인하고 있다. 하나는 유럽과 북아프리카 진출의 교두보로서 영국 원유탐사·생산 기업인 다나 페트롤리엄과의 M&A를 추진하고 있다. 다른 하나는 아부다비 정부와 함께 10억 배럴 유전개발을 통한 석유자원 확보의 길을 닦고 있다. 따라서 이를 가시화시키면 한국은 자원개발 영토를 유럽과 아프리카에 이어 중동지역 산유국까지 아우르는 명실상부한 세계적인 수준이 될 것이다.

우선적으로 다나와의 M&A는 경험이 풍부한 해외 전문 업체를 통해 원유 개발 및 자원탐사 기술력을 선진국 수준으로 한꺼번에 끌어올릴 수 있다. 아부다비국영석유공사(ADNOC)와의 동행은 메이저급 석유회사로 도약할 수 있는 기회와 비전을 함께 공유하는 의미가 크다. 이를 위해 세 가지 측면의 전술적 연결고리를 잇는 노력이 보태지면 금상첨화(錦上添花)가 따로 없을 터다.

하나는 파이낸싱 능력의 극대화다. 최근 한국 정부가 미래기획위원회를 통해 발표한 대로 정부 소유의 은행주를 팔아서 시드머니화하는 일이다. 여기에 각종 기금까지 보태서 큰돈을 만들어주어야 한다. 이 연결고리만이 아부다비 언론매체가 지적하고 있듯이 골리앗을 이기는 다윗으로서 자리매김될 수 있다. 누구나 다가가고 싶어 하는 북극해와 중동지역 문을 어렵사리 열었으니 이제 범정부적이고 구체적인 액션플랜이 뒷받침되어야 하는 것이다.

둘은 한국투자공사를 통한 아부다비투자청(ADIA)과 북극해를 주름잡은(?) 노르웨이 글로벌연금펀드(NBIM) 등을 함께 아우르는 원-원-원 전략을 구체화시키는 일이다. 실제로 NBIM은 정크펀드에 가까운 그리스 국채를 사주는 등 세계경제 발전에 힘을 쏟고 있다. 이들에게 한국을 대표하는 **KNOC**가 북극해와 아프리카에서 석유개발과 천연가스 탐사에 나선다면 명분론 축적은 바로 A학점과 진배없다.

셋은 이를 위한 문화적 마케팅을 동원하는 일이다. 현란한 회사 소개서 대신 자원빈국 코리아가 지향하는 기술력과 인재양성에 대한 비전을 다큐멘터리로 담아서 문화마케팅을 하는 일에서 연결고리를 만들어야 한다. 보여주는 것이 곧 믿게 만든 첩경이다. 예를 들면 최근 대우조선해양이 노르웨이 해양시추업체인 아커 드릴링으로부터 수주한 드릴십 위용과 아부다비 정부가 요구하고 있는 동북아 원유기지인 울산 석유비축기지 시설을 그대로 화면에 담으면 된다. 원래 '앨리스'는 문화캐릭터다. 잠에서 깨어난 앨리스가 돌아가는 정상적인 세계처럼 인위적인 유가정책이나 고공 행진하는 세계 유가의 부담도 이러한 연결고리 잇기에서부터 시작하면 이게 곧 당당한 코리아의 위상일 수 있다.

8. 국력이 필요한 아부다비와 서울의 주유소 경제(1)

통상 주유소 경제의 비교는 시중에서 거래되는 유가를 기준으로 삼는다. 이 잣대를 빌려서 보면 아부다비 주유소 가격(1달러 1,080원 환율 적용)은 1리터당 510원이다. 반면 서울 도심의 주유소 가격은 1리터당 2,000원 내외다. 단순계산해도 서울은 아부다비에 비해 4배 이상 비싸다. 우선 체감률이 가장 높은 주유소 가격의 영향은 시민경제에서 큰 차이로 다가오기 마련이다. 이러한 차이는 산유국 아부다비와 비산유국 코리아에 존재할 수밖에 없었던 석유정치학에 따른 생태계의 적용에 의한 차이다. 그러나 실제로 이 두 도시의 주유소 가격의 차이는 차치하더라도 현실적인 소비자 불만은 사뭇 다르게 적용되고 있어서 화제다. 하긴 아부다비의 각종 인프라 구축과 도시 운영은 성숙단계에 이르렀고 서울은 이미 포화상태라는 선입견에 의해 주유소 경제를 재단하는 일이 필요했다. 그러나 이러한 선입견을 배반할 수 있다는 점에서 문제의 발단이 시작된다. 아부다비에서 이제 산유국다운 석유 소비자 가격은 풍요와 거리가 멀다. 멀어도 한참 멀다.

자동차 이용자가 폭주하면서 주차난이 가중되고 있고 동시에 주차문화는 실종을 위협받고 있다. 믿기지 않겠지만 이게 아부다비 주유소 경제의 현주소이기 때문에 진실게임은 흥미만점이다. 비록 서울의 주유소 가격은 1리터당 2,000원 내외라고 해도 주유소 문화는 여느 외국 도시와 비교해도 건전하게 작동되고 있다. 돈만 있으면 즐비한 주유소에서 기름을 넣기가 자유롭다. 하지만 최근 아부다비 주유소 사정은 우리의 상식을 초월(?)하는 수준에 이르렀다. 기름을 넣기가 예전과 비교해서 힘들어지고 있는 것이다. 이 때문에 아부다비 도시 이미지에는 적신호가 켜지고 있다.

◆ In Search of Fuel in Oil-rich Abu Dhabi

MENA 지역의 저명한 비즈니스 저널인 '아라비안 비즈니스'는 지난 15일자 기사를 통해 아부다비에서 벌어지고 있는 '어이없는 현실'을 보도했다.

최근 매일 아침 아부다비에서는 주유 전쟁이 일고 있다. 기사에 따르면 올해 6월부터 UAE의 아부다비를 비롯한 인근 도시에서는 주유소마다 기름이 동나 운전자들이 기름을 찾아 헤매는 상황이 계속되고 있다는 것이다. 특히 아부다비 출근시간 교통체증은 뉴욕과 런던 등 전 세계 어느 대도시와 비교해도 뒤지지 않을 만큼 심각하다. 이런 와중에 연료를 구하지 못해 매일 아침 기름을 찾아 2시간 이상을 헤매고 있어 사람들의 불만이 늘고 있다. 부족한 기름으로 출발했다가 차가 멈춰 고속도로 위에 서 있는 경우도 종종 찾아볼 수 있게 되었다.

다 알고 있듯이 중동지역 도시국가 아부다비는 세계에서 세 번째로 많은 원유를 수출하는 국가로 하루에 250만 배럴을 생산하고 있다. 아부다비 석유 이용량은 하루에 500만 리터로 생산량과 비교할 때 충분히 커버할 수 있는 양이지만 정제기술이 달려 수급을 제대로 맞추지 못하고 있다. 결국 공급이 수요를 따르지 못해 소비자들은 어떻게 해서든지 기름을 얻기 위해 거리를 헤매야 했고, 석유업체들 역시 고민은 깊어지고 있다. 그러나 아부다비에서는 기름값 상한제가 적용되고 있기 때문에 기름 수입업자들마저 연료를 사려는 사람이 넘치는 와중에서 시장원리에 부합하는 이익을 얻지 못하고 있다. 실제 주유소 4곳 가운데 3곳은 손해를 보고 있다고 이 잡지매체는 전하고 있다.

아부다비 정부는 단기 대안으로 보조금을 풀기도 했지만 여전히 역부족이다. 따라서 바른 기술 확보를 통해 원유 정제량을 확대하는 것만이 시급하고도 유일한 해결책이 될 수밖에 없다. 바로 이 대목에서 향후 자원빈국 코리아가 아부다비 정부를 통해 10억 배럴 원유 개발 프로젝트 참여에 따른 쌍무적 동반자 관계 확립방안과 함께 수익 계정 확보전략을 전제한 대응적 단초가 될 수 있다. 왜냐하면 지금의 주유소 기름 부족은 시간이 흐르면 자연스럽게 해결할 수 있다. 대신

이러한 구조적 문제를 깊게 살펴서 이를 주유소 경제로 풀어나가면 이명박 정부가 추진하고 있는 석유와 천연가스의 자주개발률 15%를 높일 수 있는 기회와 명분론으로서 가치가 있기 때문이다.

3월 14일(현지시각) 이 대통령은 아부다비 현지 기자회견을 통해 "우리가 확보한 유전 중에서 단일 유전으로는 가장 클 뿐만 아니라 지난 30년간 60여 건에 걸쳐 확보한 총매장량의 절반이 넘는다"고 밝혔다. 그만큼 이번에 확보한 아부다비 유전 규모가 크다는 얘기이다. 이 때문에 자원빈국 코리아는 석유공사를 비롯하여 민간 관련업체들의 자금력과 기술, 경험과 노하우 등을 총집결해 자원 확보에 더욱 적극적으로 나서야 한다. 특히 중국과 일본 등이 자금력을 앞세워 자원개발의 기선을 잡으려고 하고 있기 때문에 자금 확보와 금융지원에 최우선적으로 국력을 모아주어야 한다.

이는 내가 아부다비 주유소 경제를 통해 상상하지 못했던 점을 화두로 삼으면서까지 치기어린 시샘과 배가 아픈 부분을 들춰내는 어른스럽지 못한 처신을 감내한 이유와 무관하지 않다. 이러한 칼럼의 지적은 반면교사의 효과보다는 반사이익을 필요로 하는 데 있어서 아부다비 주유소 경제가 대신해 한 수 가르치고 있어서다. 중동산 석유 1배럴당 국제시세가 100달러를 상회하는 고유가 시대가 장기화하면 한국 경제의 주름살은 노인의 얼굴에 깊게 새겨진 주름살과 같다는 점을 미뤄보아도 당연한 문제제기가 아닐 수 없다.

9. 국력이 필요한 아부다비와 서울의 주유소 경제(2)

우리 모두의 도시생활은 교통문제와 직결되고 있다. 대중교통을 이용하든, 택시를 이용하든, 자가용을 이용하든 이동수단에 의해 일상을 영위한다. 같은 이치로 자동차 이용은 주유소와 불가분의 관계를 맺기 마련이다. 이를 테면 중동지역 산유국가 아부다비 주유소와 비산유국가 코리아의 수도 서울의 주유소 이용은 같지만 적용되는 기름 값은 다르다. 너나없이 잘 아는 일을 가지고 화두로 삼는 것 자체가 문제가 있지만 이를 두 번이나 거론하지 않을 수 없는 일이 벌어지고 있다. 이것도 일상적으로.

우선 귀국 후 아침 수도 서울에서 출근길에 맞닥뜨린 일이다. 모든 차량이 나홀로족이었다. 두 번째는 소형 승용차를 찾기가 어려웠다. 거의 모든 차들은 중·대형차가 대부분이었다. 주유소 유가가 아부다비에 비해 4배가 넘게 비싼 고유가 시대와는 너무나 거리가 멀었다. 매스컴에서는 서울의 자가용 운전자들은 스마트폰을 통해 1리터당 100원이라도 저렴한 주유소를 찾기에 프로급이라고 들었지만 사실 그게 아니었던 것이다. 그냥 여유롭게 취한 듯 보였다. 자기과시에 익숙한 탓이리라.

하지만 오늘 이 시간, 지금 이 순간 카다피가 이끌고 있는 리비아 수도 트리폴리와 제2 도시 뱅가드에서는 단 하나뿐인 목숨까지 담보하여 건설현장을 지키고 있는 한국 해외건설인력이 아직까지 30여명가량 남아 있다. 그들에게 미안한 마음이라도 있는 것일까? 그들은 단 1달러의 오일머니를 건지기 위해 기한이 없는 혈투를 벌이고 있다. 그래서 분노에 가까운 힐책을 참을 수 없게 한다.

지금 미국 경제도 소비자 신뢰 위축 등으로 '소프트 패치'보다 더 상황이 나쁜 '러프 패치(rough patch-회복기의 침체 장기화)'에 빠져들고 있다. 그렇다면 글로벌 주유소 경제의 실상은 어떨까?

◆ OPEC(석유수출기구)의 선택

지난 6월 8일 OPEC 8개 회원국은 오스트리아 빈에서 정례회의를 갖고 석유 증산을 논의했지만 일부 회원국 반대로 증산이 무산되었다. 증산을 추진했던 사우디아라비아는 이번 회의에서 하루 생산량 쿼터를 150만 배럴 추가한 3,030만 배럴로 늘리는 방안을 제안했다. 아부다비를 비롯하여 쿠웨이트 등 GCC 회원국은 사우디의 증산에 찬성했지만 이란과 이라크, 베네수엘라 등이 반대에 나섰다. 리비아까지 반대진영에 가세했다. 역시 상대적으로 경제상황이 안정된 친미 성향 4개 국가와, 분쟁과 테러와 시위 등으로 몸살을 앓고 있는 다른 회원국들 간의 경제적 이해관계가 얽힌 셈이다. 결국 합의 실패로 당장 올해 7월 인도분 서부텍사스유(WTI)는 전날 종가보다 1.65달러 오른 배럴당 100.74달러로 마감했다. 5월 이후 배럴당 100달러 수준으로 겨우 글로벌 유가가 안정세에 접어들었지만 다시 요동칠 기미를 보이고 있는 것이다. 더구나 OPEC의 다음 정례회의는 12월로 예정되어 있어서 올해 안에 유가가 하락될 것이란 기대감마저 무너진 상황이다. 이를 두고 JP모간의 애널리스트들은 "올해 글로벌 유가가 배럴당 130달러에 이르게 될 것이다"라고 전망했다. 그런데도 자원빈국 코리아의 자가용족들은 여전히 대형차 선호와 나 홀로를 고집하고 있다. 자신의 안전이 최우선임을 모르는 바는 아니지만 그게 아닐 수 있다.

알리 알나이미 사우디 석유장관은 일요일인 5일 빈에 일찍 도착했다. 3일이나 일찍 회의장에 나선 일은 거의 없던 행보였다. 물론 세계의 이목은 집중되었다. 로이터통신은 이를 두고 "원유 증산을 사전에 조율하기 위한 조치이자, 묵시적 사우디의 증산 선언이다"라고 부연 설명했다. 글로벌 고유가 행진이 계속되고 있는 요즘 산유국들은 재미가 한창이지만 사우디의 증산 발표는 상식과 어긋나 보일 수 있다. 석유를 많이 생산하면 값이 떨어져 산유국 수입이 줄어들 수 있다. 하지만 알나이미 석유장관은 5월 하순부터 "필요하다면 원유 생산량을 늘릴 수 있다"고 증산 가능성을 세계 언론에 흘렸다. 이제 세계 최대의 산유국인 사우디의 영향력과 입김은 예전보다 못 미치고 있다. MENA 지역의 재스민 혁명의 파고가 얼마나 높은지를 여실히 방증한 사례에 속한다.

이미 오바마 미국 행정부는 지난 5월 14일 휘발유 가격이 '심리적 마지노선'인 갤런(3.79리터)당 평균 4달러에 육박하자 자칫 미국 경기의 불씨가 사그라질 수 있다는 판단에 '알래스카 카드'인 원유 시추 규제를 완화하고 멕시코만 원유 개발을 확대하도록 지시했었다. 이에 따라 아부다비의 지도자이자 UAE 대통령인 셰이크 칼리파 빈 자에드 알 나흐얀(H.H. Sheikn Khalifa bin Zayed Al Nahyan)은 내수용 유가안정과 유가공급에 대한 조치를 지시했다. 이렇게 불변이 아닌 가변의 주유소 경제를 아우르는 유가정책에 대해 아부다비와 사우디와 미국 등이 선언적 조치로 민심을 추스르고 있는데도 자원빈국 코리아는 무작정 태평성세(泰平盛世) 모드이다. 국가의 미래를 위해서는 무엇보다 국력부터 모아야 하는데 말이다. 이에 대해 혼자 분노(?)하는 나는 몰매를 당하기 십상일 수도 있겠지만 그렇다고 해도 피하고 싶지 않다.

Chapter 3 | 아부다비 사회

1. 나와 너를 넘어 우리가 함께 걷고 있는 여기

　여기 1인당 국민소득이 8만 7,000달러나 되는 나라 얘기가 있다. 여기 중동지역 산유국이면서 세계 최초의 탄소제로도시를 만들고 있는 도시국가에 관한 소개가 있다. 또 여기 나와 너의 이등분법 경제를 넘어 우리 공통의 인류 번영을 위해 한국을 찾아와서 한국경제를 배우고 있는 '신사유람단'의 실화가 서울에서 지금 열리고 있다. 여기서 신사유람단이란 실제 우리가 역사에서 배웠듯이 개화기 조선이 근대 문물을 배우기 위해 일본에 보낸 신사유람단에 비유한 것으로, 즉 아부다비 관계자들의 방한은 21세기 판(版) 신사유람단이라는 것이다.

　이 세 가지 '여기'는 내가 '아부다비 통신'에서 소개했고 읊조렸던 내용의 하이라이트임과 동시에 우리가 함께 고민하지 않을 수 없는 명제나 다름없다. 왜냐하면 우리는 먼 과거까지 거슬러가기보다는 고 작 470일 전의 기억을 되찾아 스스로 묻는 지혜부터 갖추어야 하기 때문이다.

결론부터 말하자면 우리는 샴페인을 너무 일찍 터뜨렸다. 2009년 12월 아부다비발(發) 원전 수주로 국내 언론부터 관련 산업계까지 모두 기대와 흥분으로 미래를 속단했다. 그러나 올해 3월에서야 아부다비와 사우디아라비아 국경지대 브라카에서 첫 원전 건설 공사의 첫 삽을 떴다. 470일이라는 긴 시간과 힘든 내공을 거쳐야 했던 것이다. 슬프게도 이번 일본 후쿠시마 원전 사고까지 겹쳐 '원자력산업 르네상스'는 힘을 잃고 겨우 소리 없는 착공식만 열렸다. 또한 들불처럼 번지고 있는 MENA(중동＋북아프리카) 지역의 민주화 요구에 따른 전 세계 관심과 시선이 모아진 여진 때문일 수도 있지만 역사의 시계는 멈추지 않고 계속 움직이고 있다.

그러나 서울과 아부다비의 두 위정자들에 의해 올해 3월 들어 10억 배럴 유전개발권 확보가 가시권에 들면서부터 다시 경제적 파트너십이 힘을 발휘하는 단초로 작용하고 있다.

◆ 21세기 판 아부다비 신사유람단 방한 의미부여

이를 방증시키듯 아부다비 최고위원회 소속 차관과 국장급 경제인사 20명이 24일부터 5일간 서울 신라호텔에 머물면서 한국 경제를 배우고 있다. 이들을 위한 환영오찬에서 윤증현 기획재정부 장관은 "상처 입은 조개가 진주를 만든다"면서 "한국도 시련을 딛고 일어서 원조를 받는 나라에서 주는 나라로 유일하게 탈바꿈했다"고 소개했다.

이어서 로버트 프로스트의 시(詩) '가보지 않은 길'을 인용해 "두 갈래 길에서 아부다비는 100년을 함께 갈 동반자로 한국을 선택했다"면서 "양국 국부펀드 간 협력사업 진출을 비롯하여 시스템반도체 생산 협력과 미디어산업 공동 투자 개발 등으로 상생 토대가 구축되었다"고 치하했다. 하긴 대공항 이후 진주산업이 몰락했지만 경제위기를 극복한 아부다비와, 6·25전쟁의 슬픔을 딛고 일어선 한국, 두 나라의 공통점에서 공감을 얻어낸 것으로 볼 수도 있겠다.

물론 두 나라 사이의 이러한 연대감 형성과 신뢰감 발전은 이명박 대통령의 리더십을 통한 칼리파 빈 자에드 알 나흐얀 대통령과 셰이크 모하메드 왕세자의 뒷받침에 힘입은 바 크다. 경제수익계정으로 보면 2010년 한 해 아부다비 수출은 54억 7,800만 달러로 2007년보다 48% 증가했고 수입은 121억 7,000만 달러를 기록해 같은 기간 3.8% 감소했다. 한국이 필요한 원유와 천연가스 수입에 의한 무역역조는 당분간 지속될 수밖에 없을 터다.

우리는 이제 4·27선거의 광풍도 거쳤으니 새롭게 다져가는 노력이 절실해졌다. 재보선으로 국회에서 보류 중인 수쿠크 관련 법안을 통과시켜 중동지역 오일머니를 통한 국부(國富)를 다지는 일에 한 치의 소홀함이 없어야 한다. 최근 중동사태로 인해 식어가는 중동지역 건설특수가 절실하게 요구되고 있어서다.

이미 GCC(걸프협력회의) 6개국 가운데 중국은 사우디를, 일본은 쿠웨이트를 어깨동무한 반면 한국은 아부다비와 미래를 지향하기 시작했다. 그래서 일찍 터뜨린 샴페인을 너무 마신 꼴이 되었다고 해도 이번 최고급 리더십 프로그램의 의미를 간과하지 말아야 한다. 날로 극에 달하는 여러 가지 코리아 배싱(Korea Bashing)의 슬픔까지 불식시키는 계기를 이들을 통해 만들어가야 하기 때문에 앞에서 내가 지적한 세 가지 '여기'는 시의적절한 주문일 수 있다.

2. 2차 아부다비 신사유람단의 덕담과 쓴소리(1)

무릇 보약은 쓰다. 그러나 약의 효과는 최고나 다름이 없다. 반면 사탕은 매우 달다. 하지만 사람의 건강에는 별로다. 다 알고 있는 만고진리를 새삼 화두로 삼는 것은 그만 한 이유가 있어서다. 진한 이유와 너무나 쇼킹한 반응이 있었기 때문에 이번 '아부다비 통신'의 '덕담과 쓴소리'는 두 번에 걸쳐 나누어 연재될 것이다. 물론 사탕은 사탕발림의 다른 표현인 '덕담'일 수 있고 보약은 쓰다는 의미의 '쓴소리'로 격상(?)시켜서 말이다.

하긴 모처럼 회복 기미를 보이던 한국경제 역시 예외를 두지 않고 유럽발 그리스 디폴트 여진과 중동의 고유가 행진이 경제현실 전반에 작동된 글로벌 이코노미의 적신호로서 예사롭지 않게 진행되고 있기 때문이다.

◆ 약속대로 다시 아부다비 신사유람단 방한

지난 5월 20일 약속대로 아부다비 신사유람단 일행이 다시 방한하였다. 1차는 차관급 관료였다면 이번 2차는 10억 배럴 유전개발 프로젝트와 관련이 깊은 석유와 천연가스 중역들로 짜여 있었다. 이들은 기획재정부가 주관하는 지식공유프로그램(KSP)에 따라 한국 경제개발 경험과 글로벌 기업을 키워 온 산업 육성 노하우를 전수받았다. 이 과정에서 그들은 속내를 여과 없이 드러냈다. 응당 석유 관련 업계의 거목들이라 한국 조선업체의 석유시추선 기술과 규모에 관한 내용일 줄 알았다. 국제유가가 배럴당 100달러를 넘어서면서 한국 조선업 빅 3의 드릴십(심해석유시추선) 수주가 새로운 캐시카우(수익창출원)로 떠오르고 있어 여기에 대한 관심일 것으로 예상했다.

올해 들어 브라질과 노르웨이와 대만 등에서 발주한 드릴십은 모두 10척이다. 한국 조선업계 빅 3가 100% 쓸어 담았다. 여기에 드릴십이 발견한 자리에서 원유를 정제하고 저장하는 초대형 FPSO(부유식 원유생산저장 하역 설비)를 비롯하여 해양설비운반선과 플랫폼(해저 지지대를 박아놓은 석유시추시설) 등은 현재중공업이 수주했다.

이 분야의 경쟁력은 원유 유출사고가 나지 않게 하는 안전장치 기술과 수주를 받고 빠르게 만든 능력이 경쟁 예상국가 중국보다 한 수 위다. 최근 고유가 행진이 가시화되자 엑손모빌과 BP 등 석유 메이저들이 눈여겨보지 않았던 심해 유전개발에 따른 석유시추선 발주에 적극 나서고 있다. 그래서 응당 2차 아부다비 신사유람단 일행의 관심도 여기에 맞추어졌다. 하지만 그것은 명분의 덕담 수준이었다. 그 이면에 다음과 같은 쓴소리를 내포하고 있어서 우리를 놀라게 했다. "국제 비즈니스에서 기회는 항상 있는 것이 아니다. 이를 한국 정부는 너무나 간과하고 있다. 마땅한 투자처를 찾지 못한 세계의 뭉칫돈을 이 기회에 끌어들여서 국부를 창출하는 일에서 머뭇거릴 시간이나 있겠는가?" 세계가 인정하는 드릴십 기술과 수주 규모에 따른 해외 마케팅 부재를 꼽고 있는 것이다.

이들에게 이런 훈수를 둔 원인제공자는 오는 7월 한국 시장에 상륙할 영국계 로펌들이었다. 이들은 세계 금융의 관문 런던에 둥지를 틀고 앉아서 중동지역 아부다비와 바레인을 거점 삼아 한국 조선업에 눈독을 들이고 있다. 단순 계산해도 드릴십 한 척의 선가는 5억~6억 달러에 달한다. 모든 계약에서 로펌의 자문료 지출은 필수다. 또 여기에 필요한 파이낸스 비용이 추가된다. 예를 들면 아부다비에 10억 배럴 유전 개발 프로젝트가 성사되기 위해서는 우선적으로 은행 수수료로 2,000억 원을 몰아주어야 한다. 이 두 가지 부대비용에 영국계 로펌 클리포드 찬스(Clifford Chance) 등과 영국계 은행이 입맛을 다시고 있는 것이다. 여기에는 당사국인 한국의 금융과 로펌, 그리고 아부다비 이슬람은행과 아부다비투자청(ADIA) 등 국부펀드는 배제돼 있다. 국제적 관례대로라면 모든 것이 보험 수속과 계약 요식 문서 등으로 가능할 수 있다는 점은 더 희극적이다.

실제로 나는 아부다비한인회의 요청으로 한국 로펌의 아부다비 진출을 위한 제안을 국내 5개 대형 로펌들에 했고, 내 책에 이를 촉구하는 내용까지 녹여냈다. 그러나 결과적으로 오늘 이 시각까지 한 군데도 진출하지 않고 있다. 그리고 해외 로펌의 한국 러시를 걱정하고만 있다. 너무나 폐쇄기간이 길었다는 것이 처방전의 요체다.

이번 2차 아부다비 신사유람단의 쓴소리는 여기서 그치지 않고 있다. 향후 중국에 추월당할 한국 조선업의 미래를 주문하기도 했다. 조선소 일감을 결정하는 곳은 세계적인 해운회사다. 잘 키운 해운회사 하나가 열 조선소 안 부럽다는 점을 강조했다. 조선 왕국 한국은 최소한 머스크와 같은 국제적 해운회사 하나라도 제대로 키워야 한다는 내용이다. 이를 통해 한국이 도시국가 아부다비와 함께 쌍무적 동반자적 관계 구축을 이어가는 일이야말로 곧 두 나라의 국익이고, 동시에 국부의 축적이라는 이유를 쓴소리에 담고 있다.

지금까지 두 나라 사이에 맺어진 원자력 수주를 비롯하여 아크 부대 주둔과 10억 배럴 유전개발 프로젝트 참여, 그리고 매일 인천과 아부다비를 잇는 에티하드항공 등은 영문판 한국 신문을 통해 모든 소식이 그대로 옮겨지고 있기 때문에 이런 주문과 쓴소리가 가능해진 것이다. 그렇다고 해도 이게 얼마나 좋은 쓴소리인가? 이슬람 금융의 메리트인 수쿠크 하나 제대로 운용(運用)하지 못하게 막고 있는 한국 국회가 이 쓴소리를 들어야 하는데 그게 큰 문제다.

3. 2차 아부다비 신사유람단의 덕담과 쓴소리(2)

전기신문에 따르면 한국전력은 지난 5월 16일 아부다비 서쪽 260km 지점에 위치한 1600MW급 슈웨이핫(Shuweihat) 가스복합화력 발전소 건설과 운용사업(BOO)에 필요한 금융계약을 체결했다. 이 빅 비즈니스는 아부다비수전력청(ADWEA)이 국제 경쟁입찰 방식으로 발주한 사업으로 영국 인터내셔널 파워를 비롯하여 프랑스 수에즈그룹과 일본 미쓰이(三井)그룹 등 세계 유수 사업자들로 구성된 컨소시엄과 치열한 경쟁을 통해 한전 컨소시엄이 2010년 10월 수주했다. 이번 계약은 한전이 일본 스미토모상사(공동사업주)와 ADWEA(발주처)와 함께 설립한 아부다비 현지법인 SAPCO가 한전 등 모기업의 보증 없이 사업 자체의 신용만으로 대출을 받은 파이낸스 방식에 의해 이번 계약을 성사시킨 점이 특별했다. 총 사업비 14억 달러 가운데 80%는 한국수출은행과 일본국제협력은행(JBIC) 및 7개 국제상업은행 등으로부터 조달하며, 남은 20%의 출자금도 브리지 파이낸싱을 통해 조달하므로 한전은 초기 투자자금 부담 없이 사업을 수행할 수 있게 됨을 의미한다. 이를 지켜본 아부다비 정부는 관계자를 이번 2차 신사유람단에 포함시켜서 실질적인 기술력과 파이낸스 능력 등을 체크리스트로 삼았다.

◆ 현대자동차그룹과 스페인 산탄데르은행이 손잡고 영국과 브라질 직행

지난 4월 15일 서울 양재동 현대자동차그룹 본사에서 정몽구 회장과 에밀리오 보틴 스페인 산타레르은행(Banco Santander) 회장은 유럽연합 국가에서 기아차 구매고객을 통한 소매금융에서 괄목할 만한 성적표를 쌓자 이제부터는 영국과 브라질 시장까지 직행하는 버스를 타는 형국의 비즈니스에 진출한다는 출사표를 발표했다. 그 내용을 보면 현대캐피탈과 산타레르은행은 영국 런던에 금융회사를 만들어 전 세계를 아우르는 소매금융의 강자로 등극할 것을 목표로 삼고 있다. 이런 파이낸스 파워야말로 재스민 혁명으로 격변(激變)을 겪고 있는 MENA 지역까지 담당하겠다는 몸짓이기에 너무나 신선했다. 낙제점을 향해 가는 한국 금융업계 현실을 미뤄볼 때 너무나 당연한 충격이어서 이 신선함은 아부다비 정부를 움직이는 단초가 되고 있다.

삼성전자라든가 현대자동차 등은 세계가 인정한 글로벌 기업이 되었지만 정작 정부의 과보호로 성장한 한국 금융은 아직도 국제무대에 내놓은 곳이 한 군데도 없다. 때문에 이들은 아예 자기들의 금융은 자기들이 책임을 지겠다는 몸짓으로 해외에서 스스로 금융을 일으키고 있다. 아부다비 신사유람단의 쓴소리에 포함되어 있는 저축은행 사태는 그들의 잣대로는 코미디다. 우선 저축은행 본령을 벗어난 일에다 감독기관의 권한 기피와 국제회계기준(IFRS) 적용의 부실, 그리고 회계법인의 동조 등이 함께 복합된 총체적인 부실의 결과로 인지하고 있다. 고양이에게 생선을 맡기는 것과 다름없다고 이해하고 있는 것이다. 법은 있지만 스스로 법의 사각지대를 인정한 꼴로서 왜 삼진아웃제도를 외면하고 있는지가 쓴소리의 요지다.

결국 한국 금융을 어떻게 믿고 쌍무적 동반자 관계를 계속 이어갈 수 있겠느냐고 되묻고 있다. 여기에 대한 대답이 궁한 나에게 좋은 쿠란의 지혜를 줄 사람이 그리워진다. 왜냐하면 이런 대안과 대책을 외면할수록 계속해서 외국계에 휘둘림당하기 십상이기 때문이다. 그동안 산업은행을 민영화한다면서 무슨 정책금융공사를 설립하고 산은지주회사를 만들어 분란만을 일으키고 있어서다. 특히 해외영업 운운하면서도 규모가 작으니 뭐니 하면서 엉뚱한 핑계만 댄다. 첨단금융기법은 규모가 커야만 가능한가? 왜 이것까지 코미디인지 이해관계자 본인들이 너무나 잘 알 것이다.

세상은 너무나 변하고 있다. 세계 경제 질서도 급변의 회오리에 제 길 찾기에 바쁘다. 1990년대 하버드대학 크리스토퍼 바틀레트 교수가 제안한 '국경 없는 기업경영(Managing Across Borders)'은 이제 고전으로 남았다. 미국발 글로벌 금융위기로 '세계화'마저 퇴물에 몰렸다. 이제는 이를 대신해서 '대륙화'와 '대륙시장(Continental Market)'이 대세다. 여기에 따라 세계 금융도 재편을 위해 몸부림을 치고 있다. 최소한 컨테이너선과 석유시추선 제조능력이 중국보다 월등하다는 아부다비 신사유람단의 덕담에 취하기보다는, 보약은 쓰기 마련이기 때문에 그들의 쓴소리부터 챙겨 듣고 이들에게 접근하는 운영의 묘를 살려야 한다.

그들은 타고난 장사꾼 후예들이다. 최고·최대·최초만 찾는다. 하긴 서울에서 최고의 호텔에 투숙하여 정예의 소수 강사에게 교육을 받고 있다고 해서, 또 1배럴당 100달러를 상회하는 고유가 덕에 흥청망청했던 산유국 아부다비 신사유람단으로 보았다면 이것이야말로 동네 축구의 시각(視覺)일 뿐이다. 어쩜 월드컵경기에서 자살골을 넣은 축구선수와 하등 차이가 없다. 따라서 이들의 체크리스트는 분명 덕담과 쓴소리를 교집합해서 듣는 것에서부터 국가 간 경제실리의 근본을 삼아야 될 것이다.

4. 아부다비 신사유람단 후문과 주문의 간극 메우기

시중 금값이 사상 최고로 올랐다고 해도 팔 금이 없으면 뭐해?

코스피 주가가 2200선을 넘어섰다고 해도 내 소유 종목의 주가는 그대로라면 무슨 이득이 있어?

두바이산 싱가포르 현물시세가 석유 1배럴당 117달러라고 해도 내 탱크선박에 기름이 없다면 그게 그림의 떡이나 진배없지 않겠어?

이상 세 가지의 독백과 넋두리는 한결같이 시중 농담 가운데 진담이 배어 있는 경제 화두다. 이를 다시 패러디하면 최근 서울을 방문해 5박6일의 연수프로그램을 마치고 귀국한 아부다비 최고위원회(Executive Council) 소속 차관과 국장급 인사 20명이 아부다비에 도착해 아부다비 언론매체와의 인터뷰 내용에서 서로의 연결성 찾기는 그리 어렵지 않았다.

◆ 한국에 내 딸 유학 보내고

하긴 인천에서 아부다비로 직항하는 에티하드항공에 탑승하기 직전 귀국 소감을 묻는 한 국내 경제신문사 기자에게 살마 아미미 아부다비 교육의원회 차관보는 이런 덕담을 남겼다.

"한국에 내 딸을 유학을 보낼래요."

믿거나 말거나가 아니라 실제로 이번 21세기 판(版) 아부다비 신사유람 일행은 한국의 산업과 교육에 대한 깊은 관심과 애정을 동시에 보냈다. 크게 두 가지로 요약할 수 있다. 하나는 한국은 맨 파워와 지도자의 명확한 비전으로 눈부시게 발전한 점이 놀라웠다는 칭찬이다. 다른 하나는 아부다비 공무원도 한국처럼 효율적으로 관리 스타일을 바꿀 필요가 있다는 점에 대한 소회다.

이들의 연수 프로그램의 진행과 소회를 지난주에 나는 '아부다비 통신'을 통해 자세히 소개했다. 이 때문에 나는 관련 기관을 비롯하여 아부다비 한인회 관계자들로부터 많은 이메일과 문의를 받았다. 신문에 길들여진 아날로그 세대인 나에게는 이런 인터넷 매체의 위력에 내심 놀라면서 이렇게 거듭 그들의 후문을 전하는 동기부여가 되었다.

시말은 이렇다. 한국을 다녀온 아부다비 고급 공무원들의 주문은 너무나 단순하고, 너무나 당연한 내용이 포함되었다. 따라서 한국은 아랍 문화와 아랍 공무원 세계를 너무나 모르고 자신들의 제도와 교육 시스템으로 설득을 위주로 한 프로그램 진행이 옥에 티로 지적된 것이다. 실제 그들은 한국의 인적 자원 개발 노하우를 전수받고 싶었지만 산업 시설 안내와 소개로 교육 일정을 소화한 그 점에 대한 부족은 매우 안타까웠다. 나 역시 그냥 스치는 소리(?)로 일관하고 싶었지만 5월 중순에는 국영 아부다비 석유회사(ADNOC)와 국영 아부다비 가스공사 직원 일행이 또 한국을 찾게 된다. 이번부터는 기관이나 회사 단위의 대응인 각개전투보다는 협의에 의한 통합 교육 시스템으로 문화 마케팅을 접목하는 노력이 필요할 것이다. 우선적으로 한국의 속살을 보여주고 공감을 사는 진솔한 한국적 전통문화를 소개하는 프로그램 신설과 같은 동양권인 아랍문화와의 동질성을 특별히 찾아서라도 이를 포함시키는 일이 요구된다.

이들은 이미 미국 하버드대학과 영국의 케임브리지대학에서 연수를 마친 아부다비 엘리트 공무원들이다. 예를 들면 그들이 방문해서 공부하고, 연수한 내용을 다큐멘터리로 제작해서 한국과 아부다비 방송에 소개하는 디지털 문화콘텐츠 마케팅을 이제 본격적으로 도입할 때가 되었다. 또 역으로는 아부다비를 소재로 한 도서와 작품을 아랍어나 영어로 제작해 그들에게 다가가는 한국 정부의 참모습을 보여주는 일이 시급을 요하고 있다.

올해 하반기에는 종편이 시작된다. 가능하면 영국 BBS방송이나 일본 NHK 등과 견주어도 될 정도의 방송콘텐츠 탄생을 기대하는 이유다. 이 때문에 이러한 작은 노력도 배제하면서 자원외교라는 큰 거래를 지속할 수 있다고 믿는다면 이게 곧 아이러니한 국정운영이 될 것이다. 왜냐하면 이제 한국과 아부다비는 원전수주에 이어 아크부대 파견과 10억 배럴 유전개발 프로젝트 참여가 기다리고 있어서다. 특히 천연가스의 43%는 중동지역에서 수입하고 있다. 이것도 오는

2013년이면 도입계약이 만료된다. 오는 2013년 가스 대란이라는 초유의 사태를 방지하기 위해서라도 국영 아부다비 가스공사와의 어깨동무는 필수적이다. 여기에 도움말로 그들은 보는 것만 믿는 아랍상인의 후예들이라는 것을 말할 수 있겠다. 보여주고 만지는 가운데 신뢰성이 도사리고 있다는 점을 간과할 수 없다. 아부다비 공무원들은 줄곧 아랍 비즈니스 버전이 되고 있는 '최고·최대·최초'에 지갑과 마음을 열고 있기 때문이다.

다른 이유는 사우디와 쿠웨이트 등 GCC 6개국은 '미투(me too)'에 매우 강하다. 아부다비에만 국한되는 일이 아니기 때문에 이를 확대한 기대를 걸어도 좋을 것이다. 이를 위해 필요한 덕담은 아마도 이런 것이 제격이 아닐까 싶다.

"알면 뭣해, 실행하지 않으면 빈손이지 뭐야?"

5. 선정성을 좇는 런던 신문과 팩트 중시의 아부다비 신문

우선순위처럼 단순비교는 담론의 소지가 많다. 사회의 공기라고 부르는 신문매체를 지역적으로 구분하는 것도 같은 범주에 속한다. 그래서 대다수의 언론학자들은 지정학적인 문화와 시대상을 반영한 독자의 관심사를 구분의 잣대로 삼고 있다. 반영된 사회상(또는 시대상)에서의 관점이 문화와 가치관, 경제와 소비, 교육과 종교의 토양 등을 모두 아우르는 거울로서 신문매체의 정체성을 지니고 있어서다. 이러한 일련의 기준과 구분에 의해 런던과 아부다비 신문의 맨얼굴은 담론의 화두로서 가치관 설정과 직결된다. 이를 테면 보수와 진보,

사회와 문화, 심지어는 종교의 특성과 가치관 본질까지 믹싱해서 독자의 알권리를 충족시켜 주고 있기 때문이다.

따라서 불확실성과 변수가 많은 국제사회의 변화를 사회의 진화로 인정하는 신문매체의 특성에 따라, 영국 런던과 중동지역 아부다비의 신문에서 확연하게 대비되는 개념의 차이로 다가오기 시작했다. 본질적인 주제의 대상이 너무나 확연하게 다른 세계를 지향하면서 말이다. 최근 런던의 일요신문 뉴스오브더월드(NoW)가 지난 7월 10일자를 끝으로 168년의 역사를 마감하고 신문 역사의 뒤안길로 사라졌다. 지령 8674호인 종간호의 1면 헤드라인은 "그간 감사했습니다. 안녕 (Thank You & Goodbye)"이었다.

◆ Thank You & Goodbye

우선 이 신문매체의 종말을 부른 요인은 한마디로 '극성맞다'였다. 줄기차게 영국 왕족과 연예인과 축구 선수의 사생활을 캔다. 유명인에 대한 폭로담을 돈을 주고 사는 일도 비일비재했다. 휴양지에서 밀애를 즐기는 정치인을 망원렌즈로 포착한 파파라치의 사진을 대문짝만 하게 게재하는 것도 예사였다. 사건을 미주알고주알 파헤치는 것도 세계 최고였다. 피해자와 가해자의 신상 털기는 거의 일상이 된지 오래다. 납치나 실종 사건이 일어나면 당사자의 8촌이라든가 초등학교 동창이라든가 연인까지 찾아 나선다. 함정 취재도 서슴지 않는다. 지난해 뇌물을 자주 챙긴다는 제보에 지목된 검사에게 기자가 민원인으로 가장해 접근한 뒤 돈을 받도록 유인하고는 이를 기사화해서 검사의 옷을 벗기는 일도 발생할 정도였다. 2011년 3월에 있었던 국제축구연맹(FIFA) 임원들의 뇌물수수 사건도 마찬가지다. 표적 취재도 잦다. 선거 때만 되면 데일리 텔레그래프와 같은 보수당 지지 성향의 신문은 노골적으로 노동당 의원의 비리를 추적한다. 반대로 데일리 미러 등의 노동당 지지 신문은 보수당 의원들의 꼬투리 잡기에 혈안이 된다. 너무나 독자 취향에 치우치다 못해 선정성을 좇은 결과가 얻어낸 자승자박(自繩自縛)이 된 셈이다.

결국 7월 19일 미디어 재벌 루퍼트 머독은 영국 하원에서 열린 전화 도청(해킹) 의혹 청문회에 섰다. 영국 일간 가디언이 종간된 NoW가 살해된 13세 소녀의 휴대폰을 도청했다고 보도한 지 보름 만의 일이다. 머독은 "오늘은 내 인생에서 가장 부끄러운 날이다"라면서 청문회에 임했다. 실제로 도청 이후 불법도청 가담 기자 등 10명이 체포되었고 런던경찰청장을 비롯하여 경찰 수뇌부 2명과 데이비드 캐머런 총리의 공보책임자 등이 사임하기에 이르렀다.

이와 같은 런던 신문의 선정성 좇기와 달리 아부다비 신문매체는 팩트(fact) 지향에 강하다. 동(動)과 정(靜)의 차이를 보였다. 아부다비를 대표하는 신문매체 '더 내셔널(The National)'은 사실에 입각한 통계와 과학적인 미래에 대한 제시로 독자와의 신뢰감 쌓기에 열중이다. 특히 비즈니스 칼럼을 자주 집필해 우리에게 낯익은 톰 아모드 기자의 실명기사는 독보적인 존재다. 예를 들어, 최근 발표한 '낙타와 경제'라는 칼럼에서 UAE 낙타 수는 378,000마리에 달하고 사우디는 869,000마리로 파악되고 있다면서 태생적인 사막 문화와 낙타의 공생관계를 비즈니스로 집계한 점이 그렇다.

톰 아모드 기자가 소속돼 있는 '더 내셔널'은 자주 '걸프 뉴스(Golf News)'와 '칼아리지(Khaleej Times)'과 비교되면서 함께 주목을 받고 있다. 우선 '더 내셔널'을 거느린 아부다비 미디어그룹(Abu Dhabi Media Company)은 다섯 개의 방송과 다섯 개의 라디오 채널, 그리고 디지털 퍼블리싱을 이끌고 있어서 아부다비 방송·출판의 거목이다. 여기에 그치지 않고 세계적인 방송 매체 '지오그래픽 채널'까지 함께 운영하고 있다.

여기서 내가 이렇게 '더 내셔널'을 포장(?)하는 이유는 한국과 아부다비는 쌍무적인 발전역사를 함께 써야 하는 경제적 동반 국가로서 떠오르고 있어서다. 그리고 세계는 이제 기술과 자본에 의한 동반성장의 기초를 다짐과 동시에 방송문화와 출판문화를 통한 문화마케팅 도입을 배제하거나 간과해서는 결코 큰 발전이 불가능하다는 점을 이야기하기 위해서다. 또한 선정성 위주의 런던 신문매체가 이에 대해 절실하게 한 수 가르치고 있어서다. 이러한 관점을 빌려 보면 선정성 지향도 좋지만 팩트에 따른 정확한 사실 제안이 공감의 통로로서 롱런의 지름길임이 더욱 분명해졌다. 다시 강조하자면 이런 단순 비교야말로 만고진리로 판명되었기 때문에 거듭거듭 '있어서다'를 강조한 이유가 바로 여기에 있다.

6. 아랍의 봄과 월가의 가을 사이에서 선제적 아부다비 대응

어제의 오늘이, 다시 오늘의 내일이 일상(日常)을 채운다. 이러한 반복을 통해 경제주체들은 개인의 삶과 국가의 미래를 함께 운영하고 있다. 경제학자들이 자주 쓰는 라이프스타일 변화(소비자), 소득과 이익(기업), 성장과 분배(국가)도 여기에서 빛을 발한다. 이를 우리는 선순환적 사회의 구조로서 그 가치를 인정해 준다. 이런 선문답식 경제 포트폴리오는 지금의 세계 경제를 아우르는 바로미터이자 세계 경영의 나침반이 되고 있다.

실제로 2011년 2월 튀니스에서 발화된 작은 불씨가 재스민 혁명으로 들불처럼 번져나가 결국 아랍의 봄이 미나(MENA) 지역을 강타해서 아직도 그 여진이 계속되고 있다. 리비아가 그렇고, 예멘이 그렇고, 지금의 알 아사드의 시리아가 그렇다.

문제는 이게 일과성 진행이 아니라 미나 지역에서 숙명적으로 옥죄었던 가난과 민주화 요구가 본격적으로 분출하는 도화선으로 세계사적 변혁의 봄이 되었다는 점이다. 이를 단적으로 증명한 사례는 올해 노벨 평화상을 수상한 세 사람이 아프리카와 아랍지역 출신이라는 사실이다. 엘런 존슨 설리프 라이베리아 대통령을 비롯하여 라이베리아 출신 평화운동가 리머 보위와 예멘 민주화 시위를 이끈 언론인 타와쿨 카르만 등이 바로 그들이다. 여기에 그치지 않고 노벨위원회 토르비에른 위원장은 내년의 평화상 후보에는 튀니지 여성 블로거인 리나벤 메니와 이집트 여성 사이버 행동가인 에스라 압델 파타 등을 거론하였다.

결국 아랍의 봄은 세계 금융의 지존인 월가를 자극하고 말았다. 소득의 양극화와 고용의 양극화에 분노한 월가의 민초들이 들고 일어섰다. 마치 잘못 건드린 핵연료봉이 스스로 제 몸을 다 태울 때까지 분열을 계속할 기세로 정말 화끈하게 달아오르기 시작한 것처럼 말이다. 2011년 월가는 20조 달러에 달하는 공적자금을 꿀꺽 삼키고 여전히 탐욕의 춤을 추었고, 여기에 그들만의 리그로서 성과급 잔치에 열광한 것에 민초들이 들고 일어선 것이다. 월가 CEO들과 금융공학자들은 파생상품이 '쓰레기'임을 알면서 2007년 한 해 동안 1조 달러나 팔았다. 2008년 미국발 글로벌 금융 위기의 주범 역시 월가의 탐욕스러움에서 비롯되었다. 심지어 월가의 CEO이자 파생상품 찬양자들은 모두 경제부처 장관으로 발탁되었다. 래리 서머스과 핸리 폴슨과 로버트 루빈이 바로 그들이다. 이들은 예외 없이 백만장자가 되었다. 2008년 골드만삭스는 AIG 파산을 예견한 상품까지 만들어 수백억 달러를 벌었다.

금융개혁을 약속했던 오바마 행정부는 이들의 동료들로 둘러싸여 있다. 하버드대 총장을 지낸 래리 서머스는 현재 오바마의 경제고문이다. 월가는 옛날부터 탐욕의 상징으로 꼽혔다. 1987년 올리버 스톤이 만든 영화 '월스트리트'는 주가 조작을 일삼는 투기 자본과 펀드 매니저의 탐욕을 드러내고 있었다. 2010년에 나온 이 영화의 속편은 월가의 내부 비리뿐 아니라 금융 자본에 매수된 국가 권력까지 신랄하게 비난하는 내용을 담아서 화제의 중심에 섰다. 이를 반영하듯 뉴욕금융거래소 부근 공원에서 노숙하던 고학력 저임금 세대가 주축이 되어서 "월가를 점령하라(Occupy Wall Street)"를 외치면서 들고 일어섰다. 이들 외침은 분노를 넘어 전율까지 느껴질 정도로 매우 강하다. "1%의 탐욕과 부패를 우리 99%가 더 이상 참지 못 하겠다"는 항의성 메시지가 지구촌을 강타한 것이다.

이제는 월가 점령 시위가 미국을 넘어 소셜네트워크서비스(SNS)를 타고 전 세계 주요 도시로 확산되고 있다. 오는 10월 15일을 기점해서 미국 뉴욕과 LA는 물론이고 영국 런던과 호주 멜버른 등 25개국 400여 도시에서 '분노의 시위'가 열린다. 서울의 금융도심인 여의도마저 초긴장상태다. 지난 9월 17일 월가에서 시작된 분노의 씨앗은 전방위로 지구촌 경제를 더 암울하게 만들고 있기 때문이다. 전 세계 분노의 시위를 주도하는 온라인 사이트 '함께 점령하라(Occupy Together)'는 이날을 '전 세계 시위의 날'로 정하고 동참을 호소하고 있다.

최근 한국 경주에서 열린 세계관광총회(UNWTO)에 참석한 제프리삭스 컬럼비아대학 교수는 자신도 직접 시위 현장에 참여하여 피켓을 들었다고 전제해서 월가의 분노를 이렇게 정리하고 있었다. "부(富)의 불균형에서 비롯되었다. 부자만을 위한 정책을 중단해야 분노한 미국인들을 진정시킬 수 있다."

◆ 선제적 대응책을 내놓고 있는 에미리트전략연구소(ECSSR)

『빈곤의 종말』의 저자이자 세계적인 경제학자 제프리 삭스 교수가월가의 시위에 직접 참여할 정도로 민초와 부자들과의 불평등은 이제 세계 경제의 화두가 되었다. 세계 경제를 지탱한 G20 국가들이 한결같이 세계 경제 불황의 파고에 휩쓸려 있는 경제상황에서 아부다비의 대응책은 각별한 의미와 가치로 다가오고 있다. 지금의 아부다비 대통령이자 지도자인 셰이크 칼리파가 황태자 시절인 1994년 3월 14일 설립한 ECSSR은 에미리트 현대화와 발전적 미래를 위한 싱크탱크다. 주로 에미리트의 정치, 경제, 군사 등에 초점을 맞추고서 아랍 세계와 지구촌 경제를 아우르는 데 노력하고 있다. 올해로 17년째를 맞고 있으며 크게 세 개의 주요한 목표를 표방하고 각각의 목표 수행을 위한 구체적인 연구 활동을 진행시키고 있다.

먼저 에미리트를 포함한 걸프협력회의(GCC) 소속 6개 회원국의현안에 대한 학문적 연구와 미래 예측을 담당한다. 다음은 이를 위해 에미리트 정부와 협력해서 주제를 공모한 다음 연구비 지원에 만전을 기하고 있다. 마지막으로 갈수록 깊어가는 빈부의 격차를 줄이고 가난한 국가에 대한 배려를 위한 정책을 수립한다. 최근 홍수로 고통받고 있는 파키스탄에 1억 달러 상당의 무상원조도 이런 맥락에서 이루어졌다.

따라서 이명박 정부도 이들과의 교류를 진행시켜 나간다면, 들불처럼 번지고 있는 아랍의 봄과 월가의 가을에 대한 대응책 이상의 효과는 물론이고 진정한 국가적 정책으로서 그 가치는 무한대가 될 것이다.

7. 인연과 넥타이, 그리고 아부다비에서 펼치고 있는 한국 선교(1)

태초에 말씀이 있었다. 구약성경 창세기에 맨 처음 제시된 메시지다. 너무나 잘 알려진 성경 내용이기 전에 우리 인류의 존재와 일치한다. 자고로 종교의 교리는 말씀과 진리, 그리고 축복이 삼위일체가 되어서 생명력을 얻게 된다. 특히 기독교의 교리에서 으뜸인 이 말씀은 존재와 거듭남을 제안하고 있기에 결국 전 세계인의 복음이 되고 있다. 이에 대해서는 어느 누구의 부정이나 거부가 없을 터다. 있다면 나와 같이 소비자 꼬이기에 이력이 붙은 글로벌 마케터에게서 간혹 일어나기 쉬운 자만과 교만이 작동하는 경우일 수는 있다.

그렇다고 해도 이를 한국 선교활동으로 패러디해 보면 이 칼럼의 제목처럼 자연스럽게 인연과 넥타이는 무대의 조역이 될 수밖에 없다. 신의 섭리(攝理)에 따라 인간의 능력과 영역은 곧 아부다비발(發) 한국 기독교 해외선교에서 발아기(發芽期)를 거쳐 새로운 발전의 기회를 맞고 있음과 무관하지 않다.

◆ The Evangelical Church

일시: 2011년 6월 12일 저녁 8시(현지시각)

장소: 아부다비 도심 소재의 'The Evangelical Church'

내용: 세계 평화와 선교를 위한 한국과 무슬림과 인도 목사님들이 인도하는 기도회 모임

사용언어: 한국어, 아랍어, 힌두어, 영어 등 4개국 국어

원래 이 교회는 무슬림이 믿는 이슬람교를 제외한 전 세계 40개 기독교 모임이 간단없이 열린 선교의 공간이자 친교의 교회당이다. 우연의 일치인지 모르지만 나는 2008년 4월 한국 아부다비교회에서 처음 김현중 장로님의 취임 예배에 참석한 이후 3년 2개월 만에 다시 이 교회를 찾게 되었다. 과거를 되돌아보면 아부다비 한인교회 취임 예배와 엊그제 기도회 참석은 우연의 연속이라는 수식어를 달게 되었다. 다시 기억을 더듬어 보면 당시 아부다비 한인교회는 주UAE 한국대사관 근처라 지인의 손에 끌려서 무의식에 의해 취임식 예배에 참석하게 되었다. 후자는 의식적으로 김 장로님의 인도에 따라 기도회 모임에 참석하는 것으로 구분할 수 있다. 그 연결고리에는 너무나 깊은 인연답게 넥타이가 등장하게 된다. 사연은 이렇다.

아부다비 출장길마다 내가 맨 넥타이는 정말 바보스럽게 빨간색에

물방울무늬가 그려진 그런 타입이었다. 유행과 거리가 멀어도 한참 멀었다는 뜻이다. 이를 지켜본 김 장로님이 내게 선물한 아이템이 바로 넥타이다. 이것도 하나가 아닌 네 개나 되었다. 이 넥타이는 한국과 아부다비 강연장마다 등장한 그야말로 단골 소품이자 아이템이 되었음은 물론이다. 그리고 나는 이 넥타이를 화두로 삼아서 강연장에서 실증간증과 실증광고에 맛(?)이 들어버렸다. 바로 속물이 되어버린 결과임을 고백한다.

하지만 이번 아부다비 출장길에서의 한인교회 방문은 MENA 지역에 들불처럼 번지고 있는 재스민 혁명을 닮아 한국 기독교 선교에서 르네상스를 맞고 있는 현장으로 다가왔다. 올해 6월부터 아부다비 한인교회는 서울 온누리교회의 식구가 되었다. 이제는 명칭마저 아부다비 온누리교회로 개명함과 함께 글로벌 교회채널 CGN-TV를 통해 아부다비 전역의 가정까지 복음이 전파되는 일에서부터 한국선교의 내용까지 제안하는 모습이 확인되었다. 미래가 담보된 사역의 선교 현장이나 다름이 없었던 것이다. 아니 그렇게 정리되어야 한다.

한국 해외선교의 발전적 모티브는 전 세계를 아우르는 네트워크 형성과 함께 세계인의 평화를 위한 소통으로 발전함에 있다. 그 가능성에 따라 아부다비는 한국 해외선교의 메카로 떠오르게 되었다. 진정한 아프리카 선교도 아부다비 온누리교회를 통하려는 몸짓이 역력했기 때문이다.

지금까지 한국 해외선교는 선교사를 해외에 파견시켜 복음을 전파하는 아날로그식 선교였다면 이번 아부다비 온누리교회 선교활동은 재스민 혁명의 본질에 매우 가까웠다. 기도회 진행을 세 나라 목사님이 함께 연단에 서서 세계 공통어 영어를 베이스에 깔고, 자국어로 모든 신도들과 함께 기도회의 주제대로 기도하는 모습과 자세부터 남달랐던 것이다. 너무나 진한 감동과 시대감이 충만했다.

기도의 주제는 크게 세 가지로 구분하고 있었다. 하나는 아부다비 해외선교의 지향점인 아부다비 지도자의 리더십에 의한 세계 평화와 안녕에 대한 기도였다. 둘은 종교의 본질인 이교도의 종교까지 인정하고 공감하는 수준의 신앙인이 되는 일에 앞장서겠다는 서약이었다. 마지막 셋은 이런 기도회 모임을 통해 아부다비에 새로운 성전 신축의 축복을 기원하는 일 등이었다.

그렇다고 화려한 강대상과 무대와는 거리가 멀다. 화분 하나 없는 그야말로 있는 그대로 평범한 연단에 서서 찬송과 기도, 스킨십과 로망을 위해 기도하고 있었을 뿐이다. 이 모임에 동참한 신도들 모두는 지역을 넘고 세계화를 거쳐서 결국 다극화가 영글어가는 사역의 증인으로 참석할 수 있었다는 점에 감사하고 있었다. 때문에 나에게 주어진 미션은 이런 자리가 아부다비 에미리트에게 있는 그대로 전해지도록 하는 일임을 절감했다.

그래서 엊그제 동일본대지진 르포기사를 게재했고, 한국을 잘 이해한 안토니(Antoni Slodkowski) 아부다비 신문매체 '더 내셔널' 기자에게 팩트에 입각한 보도자료를 비주얼과 함께 보내는 일을 실천에 옮기고 있다. 내가 선물로 받은 인연의 넥타이처럼 영적 발전인자로서 새롭게 아부다비 180만 에미리트의 뇌리에 각인이 될 수 있게끔 말이다. 구약성경 창세기의 말씀처럼 해외 네트워크와 기도하는 신자들의 소통에 따라 이제 아부다비 온누리교회는 다극화 지향의 현대 해외선교의 방식으로 주목을 받기 시작했다는 점을 강조해서…. 이게 이슬람의 본고장 아부다비의 무슬림에게도 공감과 동참의 극대화에

따라 전도가 되고, 동시에 작동하는 모습까지 전 과정이 너무나 은혜
가 충만한 기도회로 확인되어서 더더욱 그렇다.

8. 인연과 넥타이, 그리고 아부다비에서 펼치고 있는 한국 선교(2)

아바나 캄 나하구 누힙부카
나르파우 카 파우깔~ 꿀리이
무우 바 락쿤 이르랍부 일라후나
알카인 왈~ 라디 야 티이
무우 바 락쿤 이르랍부 일라후나
말리쿤 아바디
(사랑하는 나의 아버지 이름 높여 드립니다.
 전능하신 하나님 찬양 언제나 동일하신 주.
 전능하신 하나님 찬양 영원히 다스리네.)

지난 6월 13일 아부다비 글로벌 기도회 모임에서 내가 받았던 프
로그램 가운데 아랍어 찬송의 내용이다. 여기서 '무우 바 락쿤 이르
랍부 일라후나'는 '전능하신 하나님'을 칭송하는 아랍어다. 고작 '인
샬라'를 '신의 가호를'로만 알고 있는 나의 유치원 아랍어 실력이기
에 더 긴 설명은 빈약을 더할 뿐이다.

하지만 '브라카'라는 아랍어 단어가 '축복'이라는 것도 그 기도회
모임에서 알게 되었다. 고작 '브라자'는 여자 젖가슴에 붙인 도구로만

인지했었는데 '브라카' 아랍어의 깊은 뜻은 한국 정부와 아부다비 정부가 이제 쌍무적 동반자 관계를 이루면서 활발하게 건설 중인 아부다비 원자력발전소 소재지 이름이라고 한다.

우선 모든 건설 프로젝트는 숙성(熟成)의 과정을 겪기 마련이지만 지난 2009년 12월 27일 원자력발전소 계약 체결 이후 470만에 첫 삽질을 하였던 곳이었기에 이미 서울과 아부다비 에미리트 사이에는 화제의 중심에 우뚝 서고 있다. 다만 동일본대지진에 의한 후쿠시마 원전사고 발생은 자의반타의반으로 작용되면서부터 원자력발전의 르네상스가 전 세계적인 파문 속에 방황하고 있다는 점이 안타까움을 더하고 있다. 그러나 이제부터 제대로 된 원자력발전소 건설을 통해 아부다비 브라카의 축복은 기대해도 좋을 것 같다. 분명 여기에는 한국 원전의 신기술인 APR-1400을 통해 명예회복과 함께 국부 창출로 이어질 수 있다는 믿음이 이미 두 나라 사이에서 공감대로 형성되고 있어서다. 그 연장선상에서 향후 10억 배럴 유전개발 프로젝트 참여도 이미 가시권에 접어들고 있다.

◆ 각기 다른 언어이지만 찬송가를 통한 음율은 하나가 되고

이번 기도회 모임에서 새롭게 인지되고 소통되는 글로벌 클라이맥스는 찬송이었다. 비록 세 개 국가의 신도들이 부른 노랫말은 각기 다르다 해도 음율(音律)은 하나였다. 그게 찬송가를 통해 가능함을 나는 처음 접하게 되었다.

비록 청바지 차림의 기타리스트 두 사람이 진행하는 찬송가 합창이라 해도 진한 감동과 진한 소통의 기도는 압권 그 자체였다. 화려

한 무대와 화려한 조명, 그리고 화려한 전자오르간 반주가 없다고 해도 벽에 걸려 있는 하얀 스크린 위에 투영된 아랍어 찬송 가사의 흐름은 그대로 하모니를 이뤄내면서 동일한 음율로 승화되고 있었기 때문에 진한 감동으로 전해진 것이다.

따라서 앞에서 소개한 세 가지 기도 제목 가운데 하나인 아부다비 신축 성전을 위한 기도는 곧 한국 해외선교의 결정판이자 완결판으로서 한국 선교 100년 역사에 길이 남을 성공스토리가 될 것이다. 아니 그렇게 되어야 한다. 왜냐하면 아부다비 온누리교회의 100명 기독교신도들이 새벽부터 밤까지 일련의 기도모임을 통해 구체화시키고 있음이 역력하게 목격되고 있었기 때문이다. 실제로 이 교회를 이끌고 있는 노규석 당회목사님과 김현중 장로님이 밝힌 내용에 따르면 기존의 한국 해외선교의 지향점과 방식 등이 모두 다르게 전개될 것 같다. 그냥 해외선교를 통한 교세 확장이 아니라 진정한 기독신앙에 기반 한 한국 해외선교의 메카로서 아부다비 온누리교회로 거듭나는 것을 지향하고 있는 것이다.

이제 우리 모두는 향후 이 교회가 제시한 내용과 지향점을 예의주시해서 여기에 걸맞게 기도와 물질과 성원을 보태는 일에 동참할 국내외 관련 교회와 기관의 관심을 배가시키는 일이 무엇에 앞서 가장 필요하게 된다. 따라서 나 역시 『탁월한 국가지도자 칼리파-대형 화보집』 발행이 스폰서십으로 구체화되면 내가 받을 인세의 일부를 헌금하는 일에서부터 동참의 단초로 삼을 것임을 이미 밝힌 바 있다. 이를 더 구체화시키기 위해 개인적으로 욕심을 내자면 오는 2012년 어느 날, 지금 내 뇌리에 구상 중인 자서전(自敍傳) 성격의 『너무나 고마운 재발견의 이야기』와 아랍의 봄이 만들어내고 있는 중동시장에

필요한 『중동시장에서 국부창조(國富創造)의 지름길』을 출판해 아부
다비교회에서 조촐한 출판기념회를 가지고 싶다. 왜냐하면 매번 국회
의원 선거 때가 다가오면 출판기념회를 통해 선거비용에 필요한 실
탄(實彈)을 거두어들이는 일로 한국 출판기념회 문화를 오염시키는
그 작태에서 벗어나고 대신 인연의 소중함을 새삼 일깨워준 이 교회
의 교우에게만 인정과 함께 축하를 만끽하고 싶어서다. 이를 풀어쓰
자면 이런 것이 아닐까 싶다.

'걸(乞)! 기도하고 기대하는 우리 모두의 미래를!'

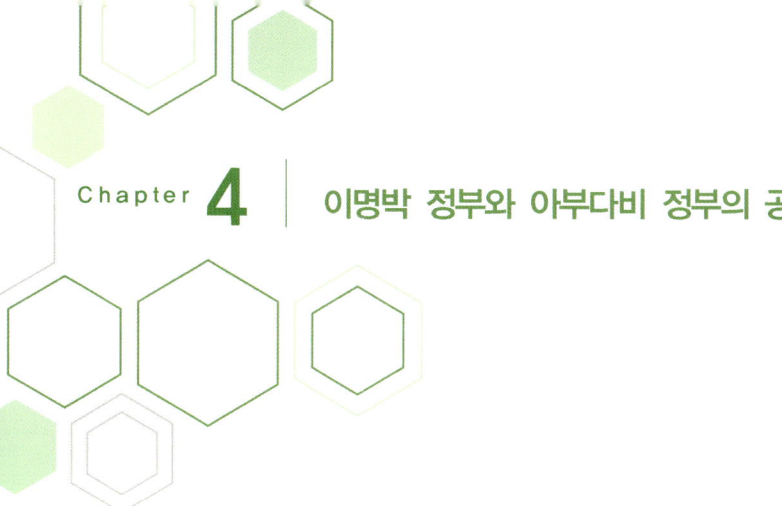

Chapter **4** | 이명박 정부와 아부다비 정부의 공동과제

1. 31년 만의 외교관계 복원에 대한 아부다비 에미리트 견해

지금의 MENA(중동＋북아프리카) 지역의 정세를 사자성어로 표현하자면 애매모호(曖昧模糊)가 딱 들어맞는다. 아니 오리무중(五里霧中)으로 정정해도 좋을 것이다.

지난 2월 15일 발발한 리비아 사태는 3월 19일 나토군 참전에 이어 4월 20일 리비아 3대 도시인 미스라타에서 시민군이 다시 점령하는 등의 일련의 격전이 벌어지는 상황 과정이 그렇게 보여서다. 물론 카다피 국가원수가 이끌고 있는 리비아 정부군을 초토화시키기 위해서는 두 가지 필요조건이 우선적으로 구비되어야 한다. 제이스 스타브리디스 나토군 최고 사령관은 4월 20일 AP와의 인터뷰에서 밝힌 내용대로 비행금지설정에 대한 공습망 파괴와 지상군 투입이다. 리비아 상공의 전투기 출격은 어느 정도 전쟁효과를 보고 있지만 카다피 원수의 물귀신 작전에는 지상군 파병만이 전쟁완수의 깃발을 올릴 수 있는데 그게 말처럼 쉽지 않아서 고민은 거듭거듭 깊어지고 있다.

◆ 더불어 오바마 미국 행정부의 고민과 기대 내용

제이스 나토군 최고 사령관은 자신이 미국 해군 대장 신분이면서도 나토군 사령관으로서 깊은 고민에 빠졌다. 그리고 고민의 해결을 위해 오바마 행정부에 손을 벌렸다. 미군의 재개입을 요구하고 나선 것이다. 하지만 오바마 대통령은 "미국의 역할이 지금보다 더 확대되지 않을 것이다"라면서 "다만 배후 지원 역할에 머물 것이다"고 밝혀 꼬리를 내리고 있다. 자신의 발등에 떨어진 두 가지 미션에 걸린 것이다. 하나는 재선을 위한 워밍업이 필요한 시점이 다가오고 있는 것이고, 다른 하나는 미국 신용평가사 S&P로부터 부정적(negative)으로 감등당해 나라 경제운영에 골치가 어지러운 지경에 처한 것이다. 물론 외교전문지 월드폴리틱스리뷰(WPR)의 예상대로 리비아 사태가 장기화되면 결국 미군이 본격 재개입할 가능성을 배제하지 않고 있다. 그럴 경우 "재주는 곰이 넘고 돈은 되놈이 버는 결과가 될 수 있다"고 아부다비 에미리트들은 진단하고 있다. 나토가 어렵사리 시작한 전쟁의 마무리를 미국이 함으로써 결국 카다피 축출의 결과물이 미국에 돌아갈 수 있다는 것이다.

게다가 미국은 이 지역의 반정부 시위대가 요구하는 수준의 '사이버 마이티 마우스'를 키우고 있다. MENA 지역에 도도하게 흐르고 있는 재스민 혁명의 주역 시민군을 집결시킨 소셜네트워크서비스(SNS)는 아랍국 당국의 추적을 피하는 데 필요한 각종 정보기술(IT)로서 알게 모르게 시위대(또는 활동가)를 돕고 있다. 마이클 포너스 미 국무부 민주인권담당 차관보가 밝힌 대로 이는 일종의 '고양이와 쥐의 게임'이다. 그는 지난 2년간 5,000만 달러의 예산으로 중동과 아랍지역 등 분쟁지역 출신 활동가 5,000여 명을 양성해서 배치시켰다고 주장했다.

심지어 활동가가 체포될 때 휴대폰에 저장된 연락기록을 삭제하는 '패닉버튼(panic button)'이라는 기술까지 개발해서 제공하고 있다. 그러나 최근 이란은 31년 만에 이집트 주재 대사를 새로 임명하여 파견하는 등 외교관계를 복원시키고 있다. 결국 이집트와 이스라엘이 다져진 그동안의 밀월외교는 금이 가기 시작했고 동시에 미국의 중동 정책은 이제부터 수정이 불가피하게 되었다.

외교관계 복원을 위한 첫 신호로 지난 2월 20일 이집트 임시정부는 1979년 이후 처음으로 이란 군함 두 척에 대해 수에즈운하 통과를 허용했다. 결국 리비아 사태는 지상군 투입에 의해서만 해결 기미가 보여 31년 만의 이집트와 이란의 외교관계 복원이 애매모호를 넘어 오리무중으로 장기화될 조짐이 가시화되고 있다. 벌써 무고한 아랍 민초들의 사망자가 수백 명에 이르고 있어 안타까움만 더한다.

2. 아부다비에 건설수주센터를 설립하는 국토해양부

낭보(朗報)다. 그동안 아부다비 동포들이 제안했던 일이 이제 첫 걸음마를 뗄 것 같다. 아부다비 한인회 홈페이지도 이를 반기는 분위기다. 왜냐하면 집을 떠나본 사람이 가정의 고마움을 알듯이 조국을 떠

나서 외국 생활을 하는 동포일수록 조국에 어린 애국심은 남다르게 작용하기 마련이다. 이슬람 성월(聖月)인 라마단과 여름 휴가철이 끝나는 오는 9월 국토해양부는 중동지역 도시국가 아부다비에다 중동지역 건설수주센터 개원에 따른 준비로 비지땀을 흘리고 있다.

이번 아부다비 수주센터는 한국토지주택공사(LH)를 비롯하여 한국수자원공사와 한국도로공사 등 8개 기관을 참여시킨 맘모스급 지원기관이다. 지원센터는 이들 8개 기관이 직원을 파견해서 연락사무소 역할과 동시에 정보 공유와 연락처 구축, 그리고 각종 중동지역 건설공사 수주지원 활동을 겸한다. 4대강 사업으로 흐트러진 민심을 수습하기 위해 출범한 권도엽 장관이 주도하여 건설 인프라 수주를 챙기려는 몸짓이 신선하게 느껴지고 있다. 하지만 이번 수주센터 설립에 따른 현지 아부다비 동포의 반응은 대강 세 가지로 나누어지고 있다.

하나는 그동안 줄기차게 한인회가 제안한 내용을 이제 겨우 챙기려는 처사에 따른 볼멘소리가 없지 않다. 세계는 이미 글로벌 경제와 자본주의 체제로 굳어지면서 중동지역 건설 수주가 갈수록 어려워지고 있는 현실에서 만시지탄(晚時之歎)을 금할 길이 없을 터다. 더 크게 밑그림을 그리기에 앞서 아부다비를 포함한 걸프협력회의(GCC) 권역 6개국을 대상으로 한 건설 인프라 수주는 이미 포화상태다. 미국을 비롯한 일본과 유럽세력은 막강하다. 여기에 주식회사 중국이 우리의 권역까지 야금야금 먹어치우고 있다. 더욱이 1조(兆) 단위 대형 건설공사 수주는 이 지역을 배제하고는 달리 건설시장을 찾기 어렵다. 그런데도 한국 정부는 이러한 점을 알면서도 아직까지 외면 모드로 일관하다가 이제야 겨우 인식의 전환(?)에 눈을 뜬 점을 거론할 수밖에 없다.

둘은 보신주의에 우선한 관련 공무원들은 권 장관이 직접 개소식 참석과 관련 국가 순방 등 실질적 진두지휘를 한다고 해도 한 건 주의로 간주할 소지마저 배제할 수 없다. 일본과 중국 건설공무원이 한 건이 아닌 프로의 정신으로 중동시장에 올인하는 것과 비교해서 과연 좋은 확률을 얻어낼 수 있을까 하는 노파심도 앞서고 있다. 부처 이기주의가 체질화된 건설공무원이 하나도 아닌 여덟 개 부처가 각종 인프라 수주전에서 한목소리를 낼 수 있겠는가 하는 기우다.

마지막 셋은 현장 중심에서의 이들 중동지역 건설시장에 대한 이해와 능력에 대한 한계의 극복 능력이다. 예를 들면 아부다비의 경우 지난 2009년부터 시행하고 있는 '아부다비 경제계획 2030'을 제대로 파악해서 이들이 필요한 제안과 실적을 얻어내는 일에 괄목할 만한 성적표를 얻어낼까 하는 의문이다. 사우디아라비아 정부가 의욕적으로 추진하고 있는 신도시 건설과 카타르의 월드컵 시설 준비 등 나라마다 다른 조건을 요구하는 것에 대한 대처능력을 지칭한다. 한국의 언론매체는 이 점에 대해서 이미 르포기사로 기사화하고 있다. 헤드라인부터 도전적이다.

"해외건설 황금기? 속으로 멍든다-국내 업체 덤핑 수주 경쟁에 따라 결산 때는 공사비도 못 건져"(<동아일보> 2011. 7. 5일자 참조)

이 르포기사는 이렇게 마무리하고 있다. "국내시장 매출부진 만회를 위해 정상가격의 70~80%에 입찰하고도 헐값 수주 부담은 협력사에 전가하기 일쑤다." 이러한 볼멘소리와 이유 있는 기우와 극복 능력 유무 등 이 세 가지 지적에서 자유스러워야 할 방안은 있을까, 없을까? 있다면 과연 어떤 것이 있을까?

◆ 국부펀드를 통한 명품 인프라를 만드는 일

GCC권역 6개국은 산유국의 프리미엄에 의해 천문학적인 국부펀드(SWF)를 조성해서 운용하고 있다. 돈에는 꼬리표가 없기 때문에 수익 보장과 리스크 제로에 대한 각종 건설 인프라든가, 인재교육 프로젝트라든가, 건강 보장성 아이템에 대해서는 기꺼이 투자에 앞장서고 있다. 아니 스스로 챙기는 데 달인이다. 따라서 이들이 요구하는 수준을 셀링 마케팅이 아닌 바이어 마케팅 개념으로 정리해 모든 제안을 통일시킨다면 승산이 없지 않다. 이러한 제안은 전혀 새로운 것이 아니다. 앞에서 밝혔듯이 아부다비 한인들이 이미 제안한 내용에 불과하다. 또한 누구보다도 한국 건설 관련 공무원들은 잘 숙지하고 있는 내용이다. 다만 이를 통합시키고 조정하는 컨트롤 타워가 부재할 뿐이다.

재스민 혁명 이후 중동지역 국가들이 민초의 목소리에 귀를 기울이면서 각종 건설 인프라까지 보태서 챙겨가는 일은 이제 국가정책의 최우선 순위가 되었다. 이를 기회로 삼는다면 시들어가는 중동 건설시장에 다시 불을 댕기는 수준의 '제2의 중동건설신화'를 만들어내는 일과 일치된다. 단서가 없는 절체절명의 국운이 걸린 문제와도 직결된다. 그래서 나를 포함한 아부다비 동포 3,000여 명은 새롭게 중동지역 건설시장을 진두지휘할 권도엽 장관의 리더십이 기필코 완수할 과제로서 이를 인지하기 시작했다. 분명 여기에는 낭보(朗報)답게 충전 어린 조국애(祖國愛)를 겸한 기대까지 헤아릴 것을 우선적으로 믿고 싶다.

3. 미래기획위원회가 아부다비와의 동반성장을 위한 국책과제 빅 3

그 좋은 세계 경제가 흔들리고 있다. 아니 요동치고 있다. 요동치는 경제현상은 규모의 경제를 이루고 있는 나라들의 증권거래소의 수치를 보면 그대로 드러나 있다. 세계를 주무르고 있는 경제전문 매체들은 연일 상승과 하락을 번갈아가고 있는 지금의 세계 증시를 한마디로 불확실성 불운의 장세로 정리하기 시작했다. 천수답 성격을 닮은 한국 증시도 국제신용기관 S&P의 미국 국가신용등급 하향 발표로 야기된 세계 경제의 혼조세에서 자유스롭지는 못했지만 한국 기업들의 펀더멘털 양호로 현장유지에 성공한 셈이다. 이를 직시한 아부다비투자청(ADIA)은 최근 하루 동안 한국 주식 5,000억 원어치를 한꺼번에 쓸어담은 데 이어 이달에는 국내 위탁운용사 2~3곳을 선정해 추가 투자해 나갈 것으로 알려졌다.

이처럼 한국과 아부다비와의 협력관계 형성은 동반성장의 기조에 의한 이해득실이 맞아떨어진 결과이다. 지금까지 ADIA는 피델리티 등 글로벌 펀드를 통해 한국에 투자해 왔으나 투자전문성 제고를 위해 한국 운용사 선정에 들어갔다. 이를 지켜본 아부다비 언론의 시각은 이를 돕는 국가기관으로 미래기획위원회를 지목하고 있다. 왜냐하면 미래기획위원회(경우에 따라서는 미래위로 표기함)의 국책과제가 아부다비 지도자를 향하여 제대로 작동하는 시그널이 확인되고부터다. 이미 미래위는 향후 10년 이후의 먹을거리가 되는 미래 성장분야에서 아부다비 정부와 동반성장의 밑그림을 그리고 있음과 무관하지 않다. 미래위의 국책과제는 크게 세 가지로 구분할 수 있다.

◆ 10억 배럴 유전개발 프로젝트 참여, 시스템 반도체 육성 파트너 설정, 문화공학정책 도입으로 국격 시너지 창출

하나는 지난 3월 13일(현지시각) 아부다비 시내 알무슈리프 궁(宮)에서 이명박 대통령과 칼리파 빈 자에드 알 나흐얀 아부다비 대통령 사이에서 체결된 양해각서(MOU)에 따라 한국이 가채 매장량 기준 10억 배럴 이상의 대형 상업 유전에 투자하고 동시에 부존량이 총 5억 7,000만 배럴에 이르는 미개발 유전 3곳의 독점적 개발권을 갖는 내용이다. 아부다비 유전 개발이 성사되면 한국의 석유와 천연가스 자주개발률은 15%로 껑충 뛰게 된다. 실제로 아부다비 유전은 1930～40년대 미국과 영국과 프랑스, 1970년대는 일본 기업만이 참여한 '석유개발 프리미어리그'였다. 이번 한국의 참여는 한국 에너지 외교 사상 최대 성과다. 사우디아라비아와 쿠웨이트 등 중동지역 산유국들은 원유를 독자적으로 개발해 외국 업체는 참여 기회를 잡기가 어려웠다. 이명박 대통령은 현지 기자회견을 통해 "우리가 확보한 유전 중에서 단일 유전으로는 가장 클 뿐만 아니라 지난 30년간 60여 건에 걸쳐 확보한 총 매장량의 절반을 넘는다"고 밝혔다. 그만큼 이번에 확보한 유전 규모가 크다는 얘기와 마찬가지이다. 가장 주목된 것은 우리가 이미 채굴이 진행 중인 대형 유전의 생산에 직접 참여할 수 있게 되었다는 점이다.

둘은 양국이 유전개발 프로젝트 참여 다음으로 미래 성장 동력을 적극 발굴하려는 취지에서 이를 국책과제로 삼은 아이템이 시스템 반도체다. 잘 알려진 대로 아부다비는 파운드리(수탁생산) 분야에서 이미 세계시장의 20%를 점유하고 있다. 반면 한국은 메모리 분야에

서 절대 강자이지만 시스템 반도체 등 비메모리 분야에는 상대적으로 취약해 서로의 협력관계 구축이 필요하게 된다. 이를 이해하고 있는 곽승준 미래위 위원장은 지난 8월 25일 제주 신라호텔에서 개최된 'KB 히든스타 500기업 CEO 하계 포럼'의 축사를 통해 미래 성장 먹을거리로 시스템 반도체를 꼽았다. 그는 "한국의 메모리 반도체 점유율은 46.4%인데 시스템 반도체 점유율은 3%이다. 시장 규모가 메모리 반도체의 6배인 시스템 반도체는 3% 점유율마저 대만에 빼앗기고 있다"면서 "이를 핵심산업으로 키우기 위한 방안을 준비 중이다. 같은 맥락에 따라 이를 아부다비 유전 개발의 후속편으로 이어갈 것이다"라고 밝혔다.

마지막 셋은 문화공학(Culture Engineering)이다. 이미 아부다비에는 금융공학이 작동하고 있듯이 한국 각종 방송 프로그램이 에미리트 안방을 깊숙하게 차지하고 있다. 젊은이들은 K-POP에 열광하고 있다. 지난 2009년 12월 원전발전소 수주 이후 두드러진 문화 현상이다. 이를 직시한 미래위는 하드웨어적인 플랜트 수출의 극대화를 위해 문화와 공사기술을 융합시킨 문화공학에 대한 기대에 고무되었다.

우선적으로 아부다비 언론매체와 합작해 아부다비 지도자와 에미리트의 마음을 사로잡은 방송다큐의 제작을 통해 괄목할 만한 성적표를 쌓는 일에 대한 고민이 필요하게 되었다. 예를 들면 울산 신고리에서 건설 중인 원자로 APR1400의 위용과 안전성 확보는 그대로 문화 장르이다. 특히 국경의 의미를 퇴색시킨 K-POP의 광풍을 방송소재로 삼으면 이는 문화콘텐츠이자 살아 있는 문화교과서가 된다. 미래위는 이를 기반 해 양국 가교의 국책기관으로서 싱크탱크다운 국책기관의 실력을 보여주어야 한다. 이제부터 미래위는 그냥 싱크탱크가 아니라 한국의 미래 먹을거리를 창출하는 첨단 두뇌집단, 이를 테면 '코리아 내셔널 싱크탱크'로서 국책과제를 성실하게 수행할 선도적 집단으로 등극되어야 한다. 가능하면 아부다비 언론과 아부다비 에미리트들이 요구하는 대로 제40회 독립기념일에 즈음한 올해 12월 2일에 이를 발표하는 기회 만들기를 제안한다. 이러한 노력이 현실화되면 요동치고 있는 한국 증시에 금융적 파트너로 등장한 아부다비 국부펀드(SWF)는 그대로 국제적 뉴스가 될 수 있기 때문이다.

따라서 양국 간의 동반성장 기회를 멀리서 찾기보다는 유전개발 참여와 시스템 반도체 파트너 설정, 그리고 문화공학을 통한 미래위의 아이템 선정이야말로 각별한 의미로 통한다. 다만 여기서 실천력을 주문하고 제안한다면 말장난이나 부질없는 욕심만은 아닐 터다.

4. 이슬람금융을 통한 한국 증시의 방어벽 설치 제안

2011년 9월 한 달만큼 한국 증시가 요동친 경우는 일찍이 없었다. 이게 불행하게 10월에도 계속적으로 이어지는 악순환 장세가 곧 한국 증시의 딜레마가 되었다. 이를 협의(미시적)의 시각으로 보기보다는 광의(거시적)의 시각으로 다시 들춰 보면 지금과 같은 롤러스케이팅 한국 증시의 장세에서 해법 도출에의 열쇠를 얻을 수 있다. 한국 증시에 필요한 방어벽 설치로서 국익(國益) 선택의 불가피한 제안과 제시가 이번 칼럼의 주제다. 바로 '아부다비 통신'의 진원지인 중동지역 도시국가 아부다비의 제안에다 아랍의 맹주 사우디아라비아의 제시를 함께 보태면 한국 증시에서 보호막 해법이 될 수 있다는 판단이 앞선다. 경우에 따라서는 한국 증시의 딜레마에 대한 편익의 의미로도 가늠된다고 확신할 수도 있다. 왜냐하면 지금의 한국 증시에서 방어벽 설치는 절체절명의 필요성과 가치 확보를 우리 모두가 인정하고 있기 때문이다.

크리스틴 라가르드 IMF 총재가 밝힌 내용처럼 "세계 경제가 위험 국면에 진입했다"는 평가와 함께 G20 재무장관과 중앙은행 총재들도 최근 워싱턴에 모여서 "세계 경제가 국가부도 위험과 금융시장 불안과 저성장 등 세 가지 도전에 직면했다"고 밝혔기에 더욱 그렇다. 이 때문에 천수답 처지에 놓인 한국 증시에서 방어벽 설치의 필요성과 내용은 다양한 목소리가 난무하여 가히 봉두난발(蓬頭亂髮)이 따로 없다. 조금 어려운 영어를 차용하자면 그 좋았던 한국 증시에서 세계 금융공학의 달인인 외국과 외부로부터 '지켜나가기 위한 제안(stand guard over propose)'이다.

물론 제안과 제시는 '아부다비 통신'답게 GDP 3,508억 달러의 아부다비 경제력과 GDP 5,414억 달러의 사우디아라비아가 가지고 있는 이슬람 금융과의 밀월이다. 우선 이 제안이 설득력을 지닌 것은 올해 6월 도시국가 싱가포르가 실시한 이슬람금융법 개정과 8월 태국은 금융세 신설을 통해 그들의 증시를 외국으로부터 보호한 전력이 돋보여서다. 최근 사우디아라비아에 불고 있는 변화의 바람은 예전의 사우디와 다른 패턴과 모습으로 세계 언론에 회자되고 있다. 예를 들면 여성 운전도 막던 사우디가 여성에게 참정권을 주기로 공표한 일이라든가, 이슬람 성지 메카를 초고층빌딩과 호화 쇼핑몰과 고급 호텔 등이 들어선 '현대식 도시'로 탈바꿈시키는 프로젝트를 진행시키고 있어서다. 이를 위해 사우디는 도시국가 아부다비처럼 국부펀드를 이용한 이슬람 금융을 등에 지고 국부와 석유재원을 쏟아붓고 있다.

9월 24일자 영국 언론매체 인디펜던트에 의하면 세계 최대의 무슬림 사원인 알마스지드 알하람은 압둘라 빈 압둘아지스 국왕의 승인을 받아 확장 공사에 들어갔다. 사원 주변에는 5성급 호텔 26곳(총 객실 1만 3,000개)이 들어선다. 앞서 올해 4월에는 세계에서 가장 높은 시계탑인 601m 높이의 메카 로열 클록 타워가 완공되었고 다른 성지들과 연결하는 모노레일도 깔았다. 이는 중국정부가 무상으로 진상(進上)했다. 이를 통해 사우디 정부는 현재 매년 이곳을 찾는 1,200만 명의 순례자 수를 2025년까지 1,700만 명으로 늘리면서 메카 지역의 경제를 활성화시킬 예정이다.

외화보유액 3조 1,000억 달러의 중국 정부마저 이슬람 금융과의 밀월을 위해 공개적으로 러브레터를 보내고 있는데 한국 정부는 아직도 외면일관 모드다. 돈과 표에 약한 한국 국회는 내년 총선과 대선이 끝나는 시점인 2013년에나 이슬람 금융에 대한 개방이 이루어질 것으로 예상된다. 이슬람 율법에 맞게 발행되는 채권인 '수쿠크(Sukuk)'를 비롯하여 이슬람식 예금인 '무다라바(Mudaraba)'와 이슬람 금융식 리스인 '이자라(Ijara)' 등을 적절하게 이용하면 일정 부분 펀더멘털 효과를 기대할 수 있을 뿐 아니라 지금과 같은 천수답 신세는 면할 수 있다는 전문가들의 견해까지 외면하는 것은 표를 의식한 한국 정치의 결과다.

실제로 말레이시아에 위치한 이슬람식 금융 국제기구인 IFSB(이슬람 금융 서비스 위원회)는 2010년 이슬람식 금융자산 규모가 1조 달러에 이르렀다고 밝혔다. 마에르 하산(Hasan) IMF 이코노미스트의 연구에 따르면 아부다비와 사우디 등 8개국의 이슬람식 금융회사 자산 규모는 경제위기였던 2007년부터 2009년 사이에 31.8% 증가했다. 현재 이슬람식 금융회사는 전 세계 70개국에서 운영되고 있다. 비(非)이슬람 국가인 영국과 룩셈부르크와 미국 등에서도 영업 중이다. 그렇다면 올해 8월 16일 김석동 금융위원장이 5대 금융지주 회장과의 긴급 간담회에서 밝힌 대로 미국과 유럽에 치우친 외화 차입선을 다변화시키기 위해 중동지역 자금 활성화를 위한 민간합동 태스크포스(TF) 구성은 공약(公約)이 아닌 공약(空約)이 되어버렸다.

9월 한 달 동안 한국 증시를 짓누른 외화의 반출 러시는 'ATM 머신'이 될 정도로 투명하고 너무나 속이 보인 금융 시스템 때문에 외국 투자가에게는 돈 놓고 돈을 버는 마켓이 되어버렸다고 단정해도 무방하다. 롤러코스터 장세에서 확인되었듯이 외국 투자자들은 한국 예금공사와 같은 공적 자금이 한국 증시를 받쳐줄 것을 믿고서 먹고 튀는 일에 선수가 되어버렸다. 이를 규제하는 가늠자가 될 그들의 국외 반출이 통계로 전혀 잡히는 않은 것이 더 신기할 뿐이다.

그렇다면 아부다비와 사우디의 이슬람식 금융자본에 대한 기대는 무엇일까? 메뉴는 무엇일까? 2009년 12월 계약에 이어 오는 2012년 7월 첫 시공을 향해 발걸음을 뗄 아부다비 브라카의 원자력발전소 4기 착공식은 쇼케이스 개념에 의해 이슬람권 금융자본의 유치에 물고가 될 수 있다. 사우디의 경우 향후 20년에 걸쳐 3,000억 달러 규모의 원전 16기 건설계획을 발표함에 따라 한국 기업의 참여 가능성도 높아지고 있다(『수은 한국경제』, 2011년 9월호, 106쪽 참조). 이를 통해서 한국 기업의 재무구조를 강하게 만들고 다른 한편으로는 가장 나쁜 시나리오인 '천수답 장세'의 오명을 불식시키는 일이 가능해진다.

그동안 시장 규모 1조 1,999억 달러(2011년 6월 말 통계)의 한국 증시를 우리는 어떻게 만들었는가? 정치 일정이 필요하다면 그만큼 철저한 준비를 겸하면 어떨까? 이렇게 되묻는 슬픔보다는 미국 월가와 런던 더 시티의 금융맨들에 의해 주도된 희생양이 되지 않기 위해서라도 이슬람 금융을 통한 이중 삼중의 방어벽 설치가 가장 필요가 이유가 바로 여기에 있다.

5. 중동지역 건설역사는 그래도 돈다

민주화 열기가 들불처럼 번지고 있는 시계 제로(視界 zero)의 중동지역은 그대로 성장이 멈출 것인가, 그대로 주저앉을 것인가, 결국 그대로 좌초할 것인가?

정답은 '노(no)'다. 왜냐하면 역사의 수레바퀴는 돌고 돌아서 정상으로 흐르기 마련이기 때문이다. 또한 수많은 민초들의 일상생활과 경제발전에 의한 응집력은 역사적 숙명과 생활적 철학과 함께 얽히고설켜서 자생력을 발휘하기 때문이다. 이웃 일본의 동일본대지진을 지켜본 세계인들이 그 엄청난 경제적 쓰나미에도 불구하고 '일본 침몰'을 믿는 사람은 아무도 없다. 2차 세계대전 패전국 일본은 그 후 고베지진까지 겪으면서도 미국에 이어 세계경제를 좌우하는 주역으로서 자리하고 있는 실력과 실적을 믿고 있는 것이다. 같은 맥락으로 보면 지금 중동지역의 내일은 도도한 경제물결에 의한 반전의 기회로 볼 수 있다.

◆ 건설 프로젝트 수주단 가동

오늘부터 3일간 카타르 도하에서는 KOTRA 주관 한국 기업 중심의 '건설 프로젝트 수주단'이 활동에 임하고 있다. 2022년 월드컵을 준비하는 카타르에서 진행시킬 여러 가지 건설 프로젝트에 대한 시장조사와 참가의사 타진을 위해서다. 이를 위해 인천과 아부다비를 잇는 에티하드항공은 만원사례였고 아부다비 호텔은 관광특수를 맞고 있다.

카타르 신문매체 알 와탄(Al Watan)의 안디 샘비디(Andy Sambidge) 기자는 실명기사를 통해 400억 달러 규모의 철도공사 프로젝트 안내와 함께 100억 달러 규모의 '익스트림 스포츠 파크(Extreme Sports Parks)' 건설 개요를 크게 소개하는 노력을 보탰다. 오는 2022년 카타르 도하를 찾을 전 세계 축구팬과 취재기자들에게 새로운 스포츠 개념에 의해 조성될 이 스포츠 파크는 기존의 스포츠 시설을 넘어 아라비아 만(灣)의 바다 체험을 동시에 제공하게 된다. 2012년 여수 해양 엑스포에서 채용해도 좋을 정도의 스포츠 파크가 들어설 예정이다. 여기에는 하마드 빈 칼리파 알타니 카타르 국왕과 셰이크 모자 국왕 부인의 축구 사랑이 더해지고 있다.

셰이크 모자 왕비는 111년 동안 이어 온 FC 바르셀로나(스페인)의 자존심을 무너뜨렸다. 바르셀로나가 위치한 카탈루냐 지방의 사람들은 바르셀로나 축구팀 유니폼에 상업 광고를 넣지 않는 것에 대한 자부심이 대단했다. 자본에 물들지 않고 마지막 순수성을 유지한 팀의 정체성을 높이 산 결과다. 하지만 바르셀로나 구단은 2010년 12월 연간 454억 원을 받고 모자 왕비가 운영하는 카타르재단의 광고를 넣기로 합의했다. 내친김에 카타르재단은 잉글랜드의 뉴캐슬 유나이티드 팀 인수에도 매우 적극적이다. 물론 여기에는 고유가에 따른 오일머니의 위력을 배경으로 한 것이기에 전 세계인을 놀라게 하고 있다. 또한 한국 건설사 수주팀이 카타르 도하를 찾은 배경이 되기도 한다.

수주 성과는 곧 밝혀지겠지만 문제는 돈 많은 중동지역 산유국들이 건설 관련 외국 노동자에게 지불한 노임이 매우 낮다는 점이다. 이 신문매체가 발표한 대로 일반 노무자가 주 6일 노동에 하루 9시간 근무로 받은 월급은 고작 330달러(숙련공은 704달러)에 그치고 있다. 이러한 저임금 지불은 경제논리에서 접근해 보면 아이러니하게도 중동지역의 침몰이나 좌초는 사막의 신기루를 닮아 기우임이 자명할 수밖에 없을 것이다. 요약하면 빈익빈 부익부(貧益貧 富益富) 경제논리가 카타르를 비롯한 중동지역 산유국 사이에서 공통적으로 작동하고, 이게 날이 갈수록 점차 굳어지는 추세가 타당성 이유로서 존재하기에 그렇다.

6. 이제 우리는 한국과 GCC의 FTA를 맺어야 할 차례

지구촌 경제는 새로운 변혁과 변화를 갈망하기 시작했다. 스마트폰과 스마트패드로 대변되는 스마트시대가 요구하는 수준의 글로벌 경제에 맞는 옷을 입기를 촉구하고 나섰다. 이는 글로벌 경제에서 필요한 요구임과 동시에 갈수록 꼬여가는 세계 경제의 출구를 원하는 단계에서 나온 점이 특별함을 지닌다. 최근 로이터통신은 10월 13일 (현지시각) 미국 의회 상·하 합동연설에서 이명박 대통령이 "1953년 한미 상호방위조약이 통과된 이 자리에서 2011년 한미 자유무역협정도 비준됨으로써 한미 관계의 새로운 장이 열렸다"고 강조한 점을 상기시키면서 "이제 한국은 7월 1일 한·EU와 FTA를 성사시켰고 이어서 한미 간 FTA가 성사될 전망이기 때문에 이제는 한국과 걸프협력회의(GCC) 권역 6개국과의 자유무역협정(FTA)마저 가시권에 접어들었다"고 전했다. 이날 미국 상·하 합동 의회에서 모두 45차례 박수를 받은 장면에 대한 반응을 지켜본 다음에 나온 뉴스여서 아부다비를 비롯한 GCC는 새롭게 한국을 인식하기에 이르렀다.

결론부터 얘기하자면 이제부터는 한국과 FTA 협상 테이블에 마주앉게 되었을 때 의미 있게 고려한 몸짓과 태도를 보일 것이라는 전망이 외교 채널에 감지되고 있다. 이를 간파한 한국의 대응책도 기민성과 열의를 함께 보태고 있다.

10월 17일부터 한국무역협회는 '한-아랍 카라반 무역투자 사절단'을 GCC 권역을 대표하는 아부다비와 사우디아라비아를 찾게 했다. 정부 측 준비를 극대화할 목적으로 민간기업 사이드를 고려한 대응책이기에 그 의미는 지대하다. 9월에 발족시킨 국토해양부의 '중동지역 건설수주 지원단' 가동도 같은 맥락이다. 그렇다면 향후 한국과 GCC 사이에 FTA가 체결되면 국익과 교역에서 어떤 메리트가 있을까? 진정한 편익은 무엇일까? 모든 거래는 주고받는 데서 합의가 일치되기 때문에 이들의 협상 테이블에 올릴 과제는 무엇일까. 답은 이미 나와 있다. 한국 경제는 수출에 의지할 수밖에 없는 태생적 경제체제를 염두에 두면 그게 곧 해법이 된다.

◆ 대한상의가 펴낸 전략적 활용방안

지난 2009년 7월 대한상공회의소가 발표한 '한 · GCC 사이에 체결될 FTA가 국내 기업에 미치는 영향과 전략적 활용방안'(182쪽 분량)에 수록된 내용이기도 하다. 이어서 2011년 8월 미국 국가신용도에서한 단계 감등에 의해 초래된 글로벌 금융위기와 맞물려 유로존의 혼미가 합세한 지금의 세계 경제를 감안한 새로운 수정판(修正版) 제시가 불가피하게 되었음이 당시와 다르다.

이 수정판의 핵심 키워드는 크게 세 가지로 요약할 수 있다. 지금까지 세계 경제를 지탱해온 주전선수들은, 이를테면 미국과 유럽 등의 서구는 자기 체력관리가 발등에 떨어진 불이기 때문에 열외로 둘수밖에 없어서 다행이다.

첫째, 트라이앵글의 이점을 지닌 중국과 한국이 틈새시장 개념에의해 GCC 시장과의 밀월을 두텁게 해야 되고 동시에 이를 양분해서이라크를 포함시켜야 한다. 이를 감안해서 한국무역협회와 달리 한-아랍 소사이어티(KAS)는 사절단 파견의 범위를 이라크까지 확대한것이다.

둘째, 세계 경제의 위기와 함께 대두되고 있는 경제학에서의 해법을 기대하는 일이다. 그들만이 IMF와 세계은행 등을 움직일 수 있다. 실제로 세계 경제학자들은 지난 1997년 외환위기나 2008년의 글로벌금융위기, 그리고 작금에 벌어지고 있는 유럽의 재정위기를 제대로예측하지 못했다 해도 전문가적 견해를 진지하게 수렴하는 열린 마음으로 세계 경제를 살려내는 작업에 힘을 실어줘야 한다.

셋째, 한국과 GCC 권역과의 FTA 협정 체결이야말로 아랍의 봄을 맞고 있는 미나 지역(중동＋북아프리카) 경제 재건의 연장선상이라는 점을 간과해서는 안 될 것이다. 한국의 중동 특수를 만들어준 리비아가 그렇고, 이라크가 대타로 등장할 공산이 커지고 있어서다. 이미 오디세이의 새벽을 단행한 나토군 소속의 프랑스와 독일이 리비아의 유전에 군침을 흘리고 있고, 중국마저 카다피 정부에 가세하더니 이제는 손바닥 뒤집듯 시민군에 힘을 실어주고 있지 않은가. 하지만 처음부터 결론이 나 있는 수정판 제안이라고 해도 분명 여기에 하나를 더 추가시켜야 한다. 왜냐하면 한국이 중동지역 건설특수를 배가시키는 일에 해당되기 때문이다. 우선 속단과 과욕은 금물이다. 상대는 닳고 닳은 아랍 상인의 후예들이다. 절대로 손해가 나는 일이나 국익에 반하는 협정은 모르쇠 모드를 하는 것으로 정평이 나 있다. 그러나 찾아보면 틈새는 없지 않다. 미투(me-too) 경향이 강한 그들을 파고들면 의외로 열쇠를 찾기가 어렵지 않다.

이를 위해서는 과학적인 경제 데이터를 제시하는 일에 합리성을 발휘해야 한다. 예를 들면 한국은 매년 원유 수입 셰어에서 사우디아라비아가 32%나 되고, 아부다비는 12%에 이르고 있고, 쿠웨이트도 12%에 달하는 점을 상기시킬 필요가 있다. 반면 우리는 IMF가 발표한 대로 GCC 국가들이 2010년 한 해 동안 경상수지 규모가 1,355억 달러(아부다비는 233억, 사우디는 388억)임에 주목해야 한다. 그렇다고 해도 지금과 같은 한·미 사이의 FTA 협정이 체결되기까지 4년 반의 긴 시간과 숱한 난제를 풀기 위한 피나는 협상 결과에 의해서 가능했다.

이 때문에 처음처럼 FTA 협정 체결이 관세 철폐로 시작해 수출 확대로 이어지고 다시 설비 투자 증가를 거쳐 고용 증대로 이어진다는 공식(公式)이 그대로 통하지 않는다는 점까지 실전경험으로 삼아야 한다. 물론 말만 무성한 이슬람금융법을 현실화시키는 과제를 풀어야 하는 미션이 시급을 요하고 있지만 말이다. 차제에 자원빈국 코리아가 이를 중동 산유국인 GCC 권역 6개국과의 FTA 협정을 맺기 위한 반면교사로 삼는다면 잃은 것보다는 얻는 게 더 많다는 점이 곧 미국과 다른 GCC 권역의 특수성에 대한 위안이자 바람이다. 결국 이 위안과 바람의 극대화는 곧 변혁과 변화의 자양분(滋養分)으로서 더 힘을 받게 되는 촉진제가 아닐까 싶다.

Chapter **5** | 아부다비가 요구하는 코리아 컬처 테크놀로지(Korea CT)

1. 한국문화기술(Korea CT)에 반한 중동지역 방송국들

'알자지라', '알아라비아', '알아랍'.

우선 이름만 들어도 곧바로 중동지역 방송국임을 알 수 있다. 그러나 굳이 이 대목에서 차별성을 찾자면 '알자지라'와 '알아라비아'는 현재 상종가를 치고 있고 반면 '알아랍'은 2012년 1월 개국을 서두르고 있음이 다르다. 다른 차별성은 '알자지라'는 카타르 왕실이 세운 방송국이고, '알아라비아'는 사우디와 레바논 자본에 의해 운영되고 있다. 새로 개국할 '알아랍'은 중동지역 비즈니스 거목이자 아랍권 최대 갑부인 사우디 알왈리드 빈 탈랄 왕자가 세울 범(汎) 아랍권 24시간 뉴스 채널이다. 이제부터 세계 미디어가 자유 언론 사각지대인 중동지역에서 중동 왕실들에 의해 방송대전이 일어날 것임은 '재스민 혁명'의 파고가 얼마나 높고 깊은 것인지를 그대로 드러낸 결과이다.

하긴 사회가 있으면 뉴스가 생기기 마련이고 이를 미디어 기술로 포장하는 일이 미디어의 본질이기 때문에 그 파고와 파장은 막대한 영향력을 일으키기 마련이다. 그렇다 해도 더 흥미로운 사실은 이들 세 개 방송국이 최근 한국문화기술에 반해 미소와 손짓으로 러브콜을 보내고 있다는 점이다. 이 칼럼은 바로 그 점에서 시작된다.

핵심 내용은 그동안 정보기술(IT) 강국 코리아의 명성에 의해 다져진 문화기술(CT)이 그들을 유혹하고 있다는 것이다. 결론부터 얘기하자면 향후 미디어 세계는 스마트TV가 대세이다. 아이폰과 아이클라우드로 대변되는 스마트 시대에서의 스마트TV는 제대로 된 뉴스와 엔터테인먼트의 즐거움을 안방으로 초대하고, 그것은 이제 일반화될 전망이다. 이를 위해서는 2D를 넘어 3D로 이어갈 방송기술의 극치인 문화기술이 필요하게 되었고, 여기에 따른 기술공급처로서 한국문화기술이 이제 빛을 보게 되었다. 중동의 주간지 『아라비아 비즈니스』 최근호에 따르면 세계 스마트TV에서 삼성전자와 LG전자가 양대 산맥을 이루어가자 이를 지켜본 중동지역 방송국들이 하드웨어적 측면에다 소프트웨어적 측면까지 보태서 한국문화기술에 대한 러브콜이 형성되고 있다고 밝혔다. 이름하여 가치사슬의 프리미엄이 크게 작용함을 알 수 있다.

◆ 중동의 위런 버핏으로 통하는 알왈리드 빈 탈랄
   (Al Waleed bin Talal) 왕자

알왈리드 왕자의 재산은 200억 달러에 이른다. 그의 재산에 걸맞게 알왈리드 왕자는 올해 3월부터 대우조선해양 등 한국 기업에 대한 러브콜을 보태고 있다. 그는 직접 투자와 함께 자신이 지분 95%를 보유한 킹덤 홀딩 컴퍼니(Kingdom Holding Company)를 통한 간접투자에 나설 것으로 알려지기도 했다. 이러한 코리아 러브콜 명세서 가운데 한국문화기술에 관심을 갖고 향후 '알아랍' 방송국 개국에 따른 파트너로서 이를 구체화시키고 있다.

구체적인 내용은 한국문화기술을 응용하여 1차적으로 아이폰에 연동된 아랍문화 유적의 복원이다. 이를 통해 관광을 함께 아우르는 다목적 프로그램을 제작하여 차별성 극대화 정책으로서 높은 점수를 받을 수 있다는 판단을 하고 있다. 2차적으로는 문화기술의 응용에 의한 인재양성기관 설립과 운영이다. 스마트TV를 제패하는 지름길로서 한국문화기술에 대한 기대치가 될 수 있다는 판단이다.

이러한 점수와 판단에 의해 의욕적으로 미디어업계에 출사표를 던진 주인공인 알왈리드 왕자를 주목한 계기는 20여 년 저쪽으로 거슬러 올라간다. 1991년 파산 직전까지 몰린 미국의 시티코퍼레이션(현 시티그룹)의 지분을 사들이면서 부터다. 1998년 현대와 대우 등에 각각 5,000만 달러와 1억 달러 구모를 투자하기도 했다. 2000년 11월에는 미국 GM의 지분 1%를 사들이기도 했었다. 알왈리드 왕자가 지금과 같은 국제금융 위기에도 건재하면서 신규 방송국 설립에 매진한 배경에는 방송 미디어 파워에 의해서 국제금융의 질서에 대한 자기 목소리를 높일 수 있는 기회로 보고 있어서다. 그 끝자락에는 정치와 종교의 합일에 따른 사우디아라비아의 폐쇄성을 불식시키고 더 나가서 중동지역의 맹주로서 다시 거듭나는 일에 대한 정체성 확보일 수 있다.

분명 여기에는 미국 요구에 따라 '알자지라'가 방송 보도수위를 조절하면서 미국과의 부적절한 거래를 일삼았던 일에 대한 대리 기회 포착을 배제하기 어렵다. 최근 지구촌을 강타한 위키리크스의 보도에 의해 밝혀진 내용이지만 결국 9월 20일자로 알자지라의 보도 책임자인 와다 칸파르 보도본부장이 전격 사퇴하기에 이르렀다. 따라서 지금의 중동지역 정치와 경제는 '재스민 혁명'으로 시작해 이제는 '아랍의 봄'이 가까워지면서 방송 미디어업계가 요동을 치고 있다. 아랍의 맹주 자리를 놓고 '알자지라'와 '알아라비아'가 격돌하더니 여기에 '알아랍'이 추가되고 있음이 이를 대변하고 있다.

이를 지켜본 아부다비 미디어그룹(Abu Dhabi Media Company)도 스마트TV 시대가 요구하는 3D 수준의 방송국 설립을 검토 중이다. 아부다비 미디어그룹은 이미 네 개의 TV 채널을 운영하고 있다. 알오우라(Al Oula)를 비롯하여 알리아디야(Al Riyadiya)와 알에마트(Al Emarat) 등이다. 우리에게 잉글랜드 맨체스터 축구팀을 소유한 셰이크 만수르 아부다비 왕자가 이를 직접 챙기는 것으로 알려지면서 한국문화기술을 구현한 기업들이 바쁘게 움직이고 있다. 이를 위해서는 여기에 상응한 준비와 연구에 박차를 가하는 모습부터 보여주어야 한다. 예를 들면 한국문화기술을 구체화시키는 커리큘럼 구비로 시작해서 아이폰과 스마트TV를 연계시킨 그야말로 멀티컬처테크놀로지를 제시하는 대응전략이 선결과제의 으뜸이 된다.

구체적이고 확실한 접근정책으로는 한국문화기술 전수 기관과 인재 양성 기관을 서울에 두는 일에서 진일보된 개념으로 현지에다 세워서 운용하는 일이 한 대안이 된다. 예부터 아랍인들은 직접 보고, 직접 만지는 일에서 지갑을 열기 때문에 창조문화를 처음 도입한 영국을 비켜 서기 위해서라도 현지화 전략을 강구함이 마땅하다. 남은 문제는 중동지역 국가들 왕자들이 한국문화기술에 반했다고 해도 실질적인 비즈니스는 계약과 응용에 대한 결과가 우선적으로 중요하다는 점에 유념할 필요가 있다. 거듭 제안하지만 아무리 반했다 해도 문화기술의 내용과 기술은 한국과 경쟁상대인 영국과 미국과 일본 등과 단순비교해도 '서리 맞은 구렁이'라는 현실을 직시해야만 선택의 영광을 누리게 될 수 있다. 만고진리는 결코 먼 곳에 있지 않다.

2. 아부다비가 손짓하는 한국문화기술(1)

현장 1

최근 아부다비 정부는 한국에 많은 관심과 함께 기술적 협력을 강조하기 시작했다. 우선 지난해 5월 12일 한국·아부다비 공동위원회에 참석차 서울을 찾았던 술탄 알 만수리 아부다비 경제부장관은 "에너지 강국인 아부다비를 지식강국으로 변모시키겠다"고 강조하면서 "한국은 교육과 의료 분야에서 훌륭한 인프라가 완비되었다"고 칭찬한 다음 "변화와 혁신을 지속하는 한국 경제의 역동성이 아부다비에도 많은 도움이 될 수 있을 것이다"라고 밝혔다(<매일경제> 2010. 5. 14일자 참조).

현장 2

전 세계 곳곳에서 K팝 뉴스가 들어오고 있다. 이제는 일본을 넘어 프랑스와 영국에서 인기 '짱'이다. 중동지역의 문화관광지 허브로 거듭나려는 아부다비 정부의 문화 사랑과 문화기술 수입은 매우 각별하다. 특히 K팝 그룹의 파리 공연을 성공적으로 마무리한 SM엔터테인먼트 이수만 회장은 "정보기술(IT)이 지배하던 1990년대 이후에는 IT보다 더 정교하고 복잡한 테크놀로지인 CT(Culture Technology)시대가 올 것이다"라고 예단했다.

곁들여서 CT이론에 근거한 '한류(韓流)발전' 3단계를 이렇게 제시했다. 1단계는 한류문화상품을 수출하는 일이고, 2단계는 현지 회사와 함께 시장을 확대하는 일이다. 지금과 같은 3단계는 현지 회사와 합작회사를 만들어 현지인에게 한국의 CT를 전수하는 일에서부터 현지화와 부가가치를 공유(共有)하는 일이어야 한다(<서울신문> 2011. 6. 13일자 참조).

원래 칼럼의 본질은 사실성과 화제성과 제안성 등이 삼위일체가 되어야만 필자의 명성 확보와 관심의 폭이 넓어지게 된다. 이를 믿기 때문에 나는 이번 주제 '아부다비가 손짓하는 한국문화기술'도 팩트(fact)에 입각한 뉴스원(源)을 제시하는 일에서부터 시작하고 있다.

실제로 MENA 지역은 재스민 혁명 이후 산유국과 비산유국의 구분이 없이 히티스테에게 양질의 일자리 제공은 물가문제 이상으로 정책적인 지원에 포함시키고 있다. 여기서 히티스테는 대학교육을 받은 젊은이들이 일자리를 구하지 못해 벽에 기대어 하루를 보내는 계층을 지칭한다. 그래서 아부다비를 비롯한 GCC 6개 국가와 사하라사막 이북의 북아프리카 국가들은 재스민 혁명의 과제를 풀기 위해서 이들에 대한 관심으로서 일자리 창출에는 국고를 열고 있다. 바로 이 대목에서 최근 아부다비 정부가 보내는 한국의 탁월한 문화기술(CT)에 대한 러브콜은 매우 적극적이다.

한국의 문화기술의 장르는 여러 가지가 있지만 아부다비 정부가 요구하는 문화기술은 고대 문화유산의 복원이다. 예를 들면 세계적인 다큐멘터리 '사라진 문명을 찾아서'의 '알렉산드리아의 유물(遺物)'에서 보았던 내용처럼 이를 3D로 복원시키는 기술을 한국으로부터 수입하려는 움직임이 본격화되고 있다. 그냥 복원이 아니라 이를 커리큘럼화해서 젊은 인재를 양성시키고 이를 스마트폰에 연동시켜서 아부다비를 찾는 세계의 관광객에게 관광 정보를 제공하는 수준을 기대하고 있다. 물론 3D를 통한 박물관 소장의 아랍 문화 유산까지 확대해서 박물관 그 자체를 세상 밖으로 드러내는 것도 포함시키고 있다.

◆ Clicks & Mortar

3D 하면 흔하게 우리는 인터넷 기반의 문화기술을 생각할 수 있지만 아부다비 정부의 생각은 스마트폰용 클릭(Clicks)과 함께 관공상품과 같은 공장 개념의 모타르(Motar)까지 겸한 문화기술을 찾고 있다. 문화기술의 극대화는 원소스멀티유즈에서 빛을 발하고 있다고 해도 아부다비 정부의 문화정책에 부합된 기술과 내용으로 접근하는 것은 필수조건이 된다. 이미 전 세계는 스티브 잡스의 아이폰 출시로 디지털 생태계가 평정되어 디지털 디비전을 통합(?)시키고 있다는 점을 인지한 결과다. 따라서 최우선적으로 보고 만지고 간직할 수 있는 제품에만 지갑을 여는 아랍 상인의 후예답게 이들의 요구와 기대는 너무나 현실적이다.

이들의 요구와 대응에 전제조건이 되는 계약상의 법률문제도 이제는 완숙단계에 접어들고 있다. 아부다비와 런던과 서울을 잇는 비즈니스 연결통로를 책임질 영국계 로펌이 이미 서울 입성을 마무리하고 있다. 아무리 세계 최고 수준의 문화기술과 교육용 커리큘럼이 서울에 있다고 해도 계약상 비즈니스 완성은 그들 로펌의 수고가 절대적으로 필요함과 동시에 선결과제로 남았다. 이제는 아부다비와 서울의 매스컴이 특종으로 기사화하는 수준의 문화기술의 수출과 대응책에 대한 로드맵을 만들어야 한다. 왜냐하면 전 세계적인 기대주로 떠오른 K-Pop의 인기를 이어갈 차세대의 한류가 될 수 있는 것으로서 문화기술(CT)이 바통을 받을 수 있기 때문이다. 이에 서울 상암동 DMC를 주최자로 삼아 아부다비 정부의 러브콜을 수용하는 데 진전된 협상이 이루어지고 있어 더욱 기대가 되고 있다.

여기까지는 흔히 있을 법한 전개다. 하지만 한국형 문화기술의 아부다비 수출과 대응에 대한 진짜 얘기는 지금부터다.

3. 아부다비가 손짓하는 한국문화기술(2)

현장 3

올해 6월 칼레드 살민 알 카와리 아부다비항만공사(ADPC) 부회장이 서울 찾았다. 방문 목적은 아부다비 산업지대 키자드(KIZAD)에 대한 소개를 통해 한국 기업의 안내와 유치다. "키자드는 최근 원자재 가격 급등으로 관심을 모으고 있는 알루미늄과 강철과 석유화학 등을 아우르는 산업단지다. 이제부터 한국 기업이 키자드에 입주하면 중동지역 시장 진출과 산업단지 진출이라는 두 마리 토끼를 잡을 수 있는 최적의 장소이다"라고 밝혔다.

알 카와리 부회장은 부연설명을 통해 키자드의 세 가지 장점을 이렇게 제시했다. "키자드는 글로벌 시장 접근이 용이하고, 운용비용이 적을 뿐 아니라 산업환경이 뛰어나다." 곁들여서 유럽과 아프리카와 아시아를 모두 껴안은 지리적 여건을 갖추고 있다고 강조했다(<매일경제> 2011. 6. 4일자 참조).

아부다비 정부가 한국문화기술(CT)에 손짓하면서 구체적으로 산업단지까지 소개하는 극성을 보이기 시작했다. 관심을 증폭시킨 이유에는 세 가지 관점이 있다. 먼저 한국이 세계에서 3D 기술을 통한 영화와 애니메이션을 제작하는 나라 중 하나라는 점이다. 다음은 국립민속박물관에 구축된 각종 고대문화재의 복원이다. 우선 아날로그 자료의 과학적인 보존과 활용이 돋보였다. 또 민속자료의 활용성 증대를 위한 문화콘텐츠 가공과 재생산 기술의 집대성 결과물이 외국보다 좋은 평가를 받은 결과이다. 여기에 그치지 않고 지방 공·사립 박물관의 통합서비스 구축을 통한 전산화 상공에 대한 기대를 배제할 수 없다.

그래서 아부다비 정부는 자국의 인재 양성에 의해 향후 이라크 전후 복구의 일환으로 고대 문화재 복원과 이집트 나일강 문화자원 복구 등 MENA 지역의 문화기술 강국으로 거듭나려는 차원과 의도에서 한국문화기술(CT)에 러브콜을 보낸 것이다. 동시에 이에 대한 구체적인 대안으로 키자드 산업단지 입주 제안까지 겸한 것으로 이해할 수 있다.

아부다비 정부의 구체적인 한국문화기술(CT)에 대한 러브콜 명세
서는 너무나 구체적이었다. 우선 한국의 산학관연이 컨소시엄을 만들
어서 키자드에 문화기술대학을 세우는 일이다. 접근방식으로는 교육
(Education)과 개발(Development)에 의한 인재공장(Factory)을 세계 최
초·최대·최고로 세우는 일을 미션으로 삼아서 말이다. 이를 구체화
하는 데 필요한 자금은 아부다비가 대고, 문화기술은 한국이 제공하
는 일이다. 경우에 따라서는 두 나라가 공동으로 투자와 제공을 분담
시키는 일까지 고려 대상으로 삼고 있다.

이를 위한 운영 주체와 조직은 '칼리파 교육문화기술대학'으로 설
정해 연구개발을 공장 개념으로 승화시키는 일까지 구체화시키고 있
다. 여기에는 향후 사우디와 쿠웨이트는 물론이고 카타르와 이라크까
지 함께 아우르는 큰 꿈의 '문화기술 인재양성공장'에 주안점을 두고
있다. 이를 통해 아부다비 정부는 구축된 고대 아랍 유물을 스마트폰
과 연동시키고 동시에 한국 국립민속박물관처럼 전 세계인에게 온라
인 서비스를 제공하여 아랍 전통문화의 자긍심과 우수성을 고취하려
는 뜻이 담겨 있다. 부가가치로는 아부다비를 중동지역 문화허브로서
도약시키는 일이다. 전 세계를 향해 날갯짓을 하고 있는 에티하드항
공의 비행기 날개에 붙은 로고와 문양이 이를 대신 제안해주고 있다.

현장 4

최근 중동지역 도시 국가 아부다비는 키자드 산업단지에서 세계적
인 문화기술의 강국 한국과 파트너를 삼아서 '칼리파 교육문화기술

대학'을 위한 첫 삽질이 있었다. 향후 그렇게 될 예정이다. 규모는 3만 3천m²(1만 평)에 지상 3층과 지하 2층에다 오는 2013년 9월 개교를 목표로 삼고 있다(<브레이크뉴스> 2012. 6. 20일자 참조).

4. 제4기 한류는 아부다비에서 방송다큐로 영글고

여기 한류(韓流)가 흐르고 있다. 여기에 한류의 본질이 움트고 있다. 지금 여기까지 한국 문화의 향기가 진동하기 시작했다. 아부다비 에미리트들의 쇼핑가인 마리나 몰에도 어렵지 않게 소녀시대와 원더걸스와 샤이니의 음반이 웃고 있다. 아니 진을 치고 있다. 일본 도심의 아키하바라 음반 전용상가의 규모와 수준에는 이르지 못한다 해도 최신 K-POP 음반과 뮤직비디오는 아부다비 여대학생들에게는 단골 구입 문화의 소비 메뉴가 되었다. 지구촌 '한류 실핏줄'이 서울에서 도쿄를 거쳐 파리를 지나 이집트 카이로에 점시 머물더니 지금은 아부다비까지 문화의 유행에 불을 댕기고 있다. 아시아에서 드라마와 영화로 시작된 한류가 이렇게 세계 곳곳으로 실핏줄처럼 뻗어가며 다양한 장르의 문화로 발전하고 있는 것이다.

이제는 한국 상품의 선호에 이르기까지 연쇄반응을 일으키고 있다. 이름하여 한류의 문화 현상(文化現狀)이다. 2003년 드라마 '겨울연가'가 일본에서 폭발적인 인기를 얻으며 '한류(韓流)'라는 이름을 얻은 한국 문화는 이제 아부다비에 상륙하여 히잡을 머리에 두른 대학생에게까지 문화 브랜드로서 자리를 잡아가고 있다.

최근에는 샤이니의 노랫말이 아부다비 라디오 프로그램에 자주 등장하고 있다. 유튜브의 **K-POP** 지도를 보면 샤이니의 '리플레이'와 투애니원의 '론리' 등의 케이팝 뮤직비디오는 이집트 카이로와 아부다비를 이미 점령하고 있을 정도이다. 너나없이 인지되고 또 확인되고 있는 한국문화 현상을 그대로 옮기는 일은 언론기사로도 족함을 모르는 바 아니다. 한마디로 '포스트 케이팝(post-K-POP)'을 미리 예상한 한류의 본질에 대한 밑그림과 고민(?)을 함께 그려보기 위해서다. 왜냐하면 문화현상은 무한이 아닌 유한이 그렇고, 모든 문화유행은 새로운 장르의 등장으로 소비자 취향 변화에 따라 자유롭게 이전하는 모습에 익숙한 결과다.

◆ 1기 드라마, 2기 영화, 3기 K-POP, 4기 방송다큐

문화체육관광부의 '2010년 콘텐츠산업통계'에 따르면 음반산업 수출은 2005년 2,227만 달러에서 2009년 3,126만 달러(약 320억 원)로 4년 사이 71%가 늘었다. 이 같은 한류의 확산은 국가 이미지 제고와 한국 상품 수출에 일등공신이 되고 있고 동시에 중동지역 건설공사에 대한 실적의 성적으로 작용되고 있다. 바로 이 대목에서 '아부다비 통신'은 '포스트 케이팝'에 관한 예상과 함께 추론을 해 보았다. 아이돌의 활약에 무작정 기대할 수 없는 문화현상이다.

최근 도쿄의 번화가에 등장하고 '반 한류' 거리 대모 행렬을 보고 있자면 제4기 한류에 관한 준비는 지금부터라는 점에서 반론의 여지가 없다. 이 첫 대안의 핵심 문화 메뉴가 방송다큐다. 올해 8월 여름방학 동안 KBS가 내보낸 영국 BBC의 다큐 '휴먼 플래닛-8부작'은 방송다큐의 진수를 그대로 옮겨놓고 있다. 특히 제4편 정글 열대우림의 부족들은 아프리카 소주부족의 일상을 통해 새로운 시청자 시각 인식에 도움을 주었다. 올해 연말부터 한국은 본격적인 종편방송 체제를 맞아 새로운 방송 환경을 열기 시작한다. 이를 기회로 본다면 이제부터 한국은 경쟁구도에 의한 선의의 방송다큐 경쟁시대를 맞게 된다. 자의든 타의든 방송다큐의 르네상스가 열리게 됨에 따라 지금과 다른 소재로서 방송다큐가 우리 안방을 일일드라마 규모와 수준으로 펼쳐진다.

차제에 한국 기존 방송국과 새롭게 선정된 4개 종편방송들은 방송다큐의 범위와 소재로서 첫 번째 고려 대상은 중동지역이 될 수 있다. 왜냐하면 카타르에 본부를 두고 있는 알자지라방송국의 눈부신 발전은 결국 16억 무슬림과 단일 종교권 국가들에서, 방송다큐는 뉴스 프로그램과 함께 항상 1등 방송 프로그램으로 자리를 잡고 있어서다.

두 번째는 미국과 유럽 일변도 방송 소재에 식상한 시청자들에게 아랍문화의 진수와 로망은 방송다큐로서 새로운 장르가 될 수 있다. 드넓은 사막처럼 중동지역에 관한 소재는 두 손을 펴서 세어 보아도 모자랄 정도다. 멀리도 갈 것이 없이 미나(MENA=중동＋북아프리카) 지역에서 시작된 재스민 혁명의 전개 과정을 비롯하여 석유산업에 얽힌 자원부국과 자원빈국 등의 함수관계는 문자 그대로 스펙터클이 되고 있다.

세 번째는 한국 방송다큐의 진가를 이미 한국은 가지고 있다. 2009년 전주 MBC가 제작한 3부작 '아리울'은 지금도 최고 인기다. 1부 '물의 도시 아리울'과 2부 '지속가능한 땅 새만금'과 3부 '희망의 땅 새만금'은 아부다비 원자력발전소 수주에도 크게 영향력을 끼친 바 있다. 아부다비 정부가 새만금을 통해 한국을 바르게 평가했고 더불어 새롭게 인식했기 때문이다. 방송(broadcasting)의 본말이 널리 알리는 것이라면 방송다큐(documentary)는 인간의 지평을 넓히는 요소(또는 도구)이다. 최고의 시청률이 별 것일까.

이를 통해 삶의 질 제안과 삶의 질 향상에 지양분이 되고 있기 때문에 방송 메뉴에서 방송다큐는 잠재력이 큰 폭발력으로 인지되고 있다. 하지만 문제는 한국 방송다큐가 태생적으로 지닌 과제가 많다는 점이다. 앞에서 소개한 '아리울'도 영어의 더빙이 배제되어서 효과를 반감시켰다. 프로그램 수출의 극대화에 대한 기회를 잃었던 점이 후회(?)로 남았다. 따라서 새로운 종편시대를 맞은 한국 방송다큐는 소재 선정과 제작 초기부터 외국 방송 지향을 염두에 두고 영어와 아랍어 방송을 필수로 추가시켜야 한다. 방송다큐가 제4기 한류로서 우뚝 서기 위한 지상과제다. 무엇에 우선하여 한류의 본질과 한국 문화의 향기를 드넓히기 위해서라도 이를 간과하지 않는 배전의 노력을 주문하고 싶다.

Chapter **6** | 16억 무슬림이 기대하는 할랄 마케팅
(Halal Markeing)

1. 라마단과 할랄 푸드, 그리고 할랄 마케팅

다음 달이면 전 세계 15억 무슬림의 성월(聖月)인 라마단이 다가온다. 이슬람 신도인 무슬림들은 이제 한 달간 일출부터 일몰까지 물을 포함한 일절의 음식을 입에 대지 않는다. 라마단 기간에 무슬림들은 오전과 오후 동안 금식하는 대신 저녁이면 한 자리에 모여 풍성한 만찬을 즐기면서 가족과 이웃과의 교류에 더욱 매진한다. 특히 라마단 기간에 무슬림 레스토랑은 저녁 특선(特選) '할랄 푸드(Halal Food)'를 내놓으며 특수 대목을 맞게 된다.

'할랄'은 이슬람 율법의 쿠란에 명기된 대로 '허용된 뜻'으로 이해하고 이를 지키고 있다. 조금은 불경스러운 이방인인 내가 이를 화두로 삼는 이유로는 '할랄 비즈니스'의 규모가 매년 증가일로 모드로 커지고 있어서다. 전 세계 할랄 푸드의 규모는 물경 6,300억 달러로 성장하고 있기 때문이다.

◆ 전 세계 할랄 푸드 규모는 6,300억 달러에 달하고

할랄 푸드는 음식 원료와 조리 과정 등에서 돼지고기나 알코올 성분이 일절 없어야 한다. 또한 소라든가 닭이라든가 허용된 고기도 '신의 이름으로'라는 주문을 외운 뒤 단칼에 정맥을 끊어 도살한 것만 할랄 푸드로 인정된다. 물론 과자나 주스 등 가공식품도 돼지 성분과 알코올 성분이 없어야 한다. 전 세계 식품 메이커들에 있어 15억 명에 이르는 전 세계 무슬림 시장은 새로운 블루오션이다. 비단 종교적 이유만 아니라 '깨끗하고 안전해 보인다'는 이유로 미국과 같은 비신자국가에서도 할랄 푸드의 소비가 늘고 있다. 따라서 이 시장에 진출하려면 우선적으로 할랄 인증을 받아야 한다. 그게 간단하지 않다. 빵 하나만 예를 들어 보자. 우선 유화제와 가루반죽 조정제는 반드시 식물성 기름을 사용해야 하는 것은 기본이고, 빵을 구울 때도 에틸알코올을 사용하면 안 된다. 쇼트닝도 식물성을 써야 하고 바닐라 추출물도 금지된다. 심지어 마요네즈라든가 케첩이라든가 드레싱에도 할랄로 인증을 받은 유화제와 착색제를 써야 한다. 그래서 제과업계에서 할랄 인증은 '하늘에 별 따기'로 통한다.

하지만 할랄 상품이 일취월장하고 있다는 시장의 파이를 생각해보면 할랄 비즈니스는 우리가 넘어야 할 과제이자 숙제가 되고 있다. 거듭 언급하지만 15억 명의 소비자군이 형성된 시장을 목표 고객으로 묶어 내야 할 정도의 메리트가 있는 것이다. 이 때문에 우리가 필요로 하는 할랄 마케팅은 이미 세계 여러 나라에서 도입되고 있다.

브라질은 할랄 도축시설을 완비해 놓고 사우디아라비아에서 소비하는 닭의 대부분을 공급하고 있고, 호주 역시 세계에서 할랄 양을 가장 많이 수출하고 있다. 네덜란드 역시 할랄 상품을 보관하는 공간 주변에는 아예 돼지고기와 알코올 성분을 찾아볼 수 없게 할랄 창고를 운영하고 있다. 특히 이들은 유통과 보관 등 전 과정에서 정결함을 유지한다는 점을 강조해 할랄 상품의 허브로 자리를 잡았다. 그렇다면 우리에게 할랄 제품에 대한 할랄 마케팅은 과연 어떤 것이 있고, 어떤 것이 최상일까?

최근 KOTRA는 매년 크게 신장하고 있는 할랄 시장을 우리가 선점하기 위해서는 우회전략을 주문하고 있다. 인증제도 구비가 어렵다면 할랄 푸드 대신 할랄 화장품 제조를 대안으로 제시하고 있다. "중동 지역의 미용제품은 화장품을 포함해서 각종 샴푸 제품 등에서 해마다 12%씩 성장하고 있어 시장 규모가 21억 달러에 달한다"면서 "할랄 화장품이 할랄산업의 새로운 트렌드로 떠오르고 있다"고 제안했다. 최우선적으로 젊은 무슬림이 늘고 있다는 점을 들어 이러한 추세가 계속될 것이라고 전망하고 있는 것이다.

하지만 바로 이 점이 할랄시장 성장의 한계 요인으로 작용될 수 있다. 정치적·종교적 고려보다는 개성을 중요하게 여기는 젊은 세대들이 "할랄에 얽매이는 데 질렸다"면서 "세계적인 패션유행에 지갑을 열고 있다"는 측면이 더 강하다. 그렇다고 해도 할랄 마케팅 측면으로 이 시장을 관측하고 예단하면 길은 없지 않다. 무슬림의 지갑을 열게 하는 니즈와 제품을 합일시키는 할랄 마케팅이 한 대안이 될 수 있다.

예를 들면, 최근 한국에서 각광을 받고 있는 모조 쇠고기 요리의 상품화다. 쇠고기 대신 인조식재(人造食材)로 쇠고기를 닮은 모양과 미각으로 제품화시켜서 출시하는 것이다. 비만환자라든가 다이어트 지향의 소비자를 위한 모조 쇠고기 요리를 식품 메이커들이 할랄 인증에 걸맞은 수준의 모조산업으로 성장시키는 일이 필요하다.

다음은 이를 화제성 제품으로서 상품화시키는 일이다. 동시에 입소문이든, 각종 매체를 통하든, 광고전략을 세우든 15억 무슬림이 선호하는 히트 상품(또는 베스트셀러 브랜드)을 완성시키는 일이다. 한국의 김치가 세계인의 입맛을 사로잡은 과정과 노력을 다시 한 번 반추(?)해 이를 할랄시장 히트 상품으로 등극시킬 성공사례로 삼으면 된다. 아니 해결의 열쇠를 찾으면 금상첨화가 따로 없을 것이다. 지금부터는 식품 메이커가 직접 이 시장에 진출하여 할랄 인증을 받아내 이를 극대화시키는 일이야말로 블루오션 창출의 극치가 될 수 있다.

길은 결코 멀리 있지 않다. 제일 먼저 서울 이태원 소재 이슬람교 중앙회의 문을 노크해서 할랄 제품의 인증에 관한 상담을 통한 수순만 밟으면 된다. 이어서 함께 할랄 상품의 등극에 필요한 할랄 마케팅은 이를 전문으로 조사하고 연구하는 광고회사 집단의 머리와 수고를 빌려서 쓰면 어렵지 않을 터다.

다음 달에 다가오는 라마단을 앞둔 지금의 시각에서 보아도 필수 불가결한 비즈니스에 해당되고 있어서 더욱 그렇다. 현대 비즈니스의 큰 축은 규모의 경제와 범위의 경제, 그리고 연결의 경제를 최우선적인 요소로 가늠하고 있기 때문에 더더욱 그렇다.

2. 쥐뿔도 모르는 내가 할랄 마케팅을

16억 무슬림의 성월(聖月)이자 단식월(斷食月)인 라마단이 8월 1일부터 시작되었다. 올해 라마단에서 금식일이 시작된 이날이야말로 가장 긴 하루가 된다. 이슬람위원회 발표에 따르면 8월 1일은 일출과 일몰을 계산했을 때 금식을 이행할 시간은 총 14시간 50분이다. 26년 만에 가장 긴 시간에 해당한다. 라마단 기간의 금욕적인 단식은 무슬림이 지켜야 할 이슬람 5대 의무 가운데 하나다. 무슬림은 금식을 이행함으로써 이슬람의 가르침을 되새기고 굶주림의 고통을 느끼며 동시에 이웃을 돌아보는 기회로 삼는다. 다만 단식에 따른 피로를 감안하여 공공기관이나 대부분의 기업체들은 근무시간을 오후 2시까지로 단축한다. 물론 노약자라든가 어린이라든가 환자와 임산부 등은 단식 의무가 면제된다.

우리 모두가 잘 아는 일을 크게 확대하는 본심은 다른 데 있다. 나에게 있어서 라마단과 할랄 푸드에 따른 무지(無知)의 소치(所致)가 적나라하게 드러난 전과(前科)가 이번에 드러났기 때문이다. 내용인즉 지난달에 '아부다비 통신'에서 나는 할랄 푸드와 할랄 마케팅 사이의 함수관계를 소개하는 과정에서 표현상 큰 실수를 저지른 것이다. 사례를 들어서 이해를 돕는다는 점은 좋았지만 대상 품목 가운데 '무늬만의 돼지고기'를 거론하여 적잖은 지적을 받았다. 무슬림의 일상에서 필요한 여러 가지 식재 가운데 '돼지고기'는 금기의 단어인 점을 간과했었다. 이슬람 정신과 청결에 위배된 행위를 저지른 결과였던 바로 그 점이다.

서울 한남동 김태선 주한 UAE 대사관 경제협력관은 이를 두고 '식

자우환(識字憂患)'이라고 지적했다. 새로 부임한 UAE 대사님과 닥터 아담은 '있어서는 안 되는 실수'라고 정리해 주었다. 이 때문에 이를 사죄하는 자세를 다져가기 위해 이번 칼럼의 제목은 결국 '쥐뿔도 모르는 내가…'로 한 등급 감등되었다.

◆ 다시 주목받고 있는 할랄 시장과 할랄 마케팅

규모의 경제와 범위의 경제에서 16억 무슬림은 전 세계 인구의 20%를 점한다. 네 사람 가운데 한 사람이 이슬람교를 믿는 무슬림이라는 얘기와 같다. 우선 풍부한 자원을 기반으로 형성한 경제력과 급속한 인구증가율에다 왕성한 소비성향 등은 무슬림 마켓의 특장점이다. 더욱이 다산을 미덕으로 여기는 문화로 인해 출산율이 높으며 무슬림으로 개종하는 인구까지 증가 추세다. 특히 이슬람 문화권은 지리적으로 분산되어 있음에 불구하고 동일한 종교를 기반으로 한 강한 동질성에 주목해야 한다.

이러한 주장은 최근 KOTRA가 발표한 '16억 할랄 시장을 잡아라'와 삼성경제연구소가 발행한 '베일에 가려진 16억 무슬림 시장 공략법' 등을 교과서로 삼아서 적극 활용하는 지혜가 필요하게 되었다. 이들의 공통된 지침은 크게 세 가지로 요약되고 있다.

하나는 무슬림 시장의 특성으로 인해 해외시장의 진입이 어려우나 일단 진입하면 기회선점이 가능하고 지속적인 성장을 기대할 수 있다는 것이다. 예를 들면 할랄 푸드 시장 개척에 앞장선 네슬레의 경우는 전 세계 456개 생산시설 가운데 85개 공장의 154개 제품라인이 가동하고 있을 만큼 일취월장하고 있다.

둘은 할랄 푸드에 대한 까다로운 검열이 화장품과 의약품까지 확대 적용되고 있다. 최근 들어 친환경 추구 화장품 득세에 따라 새로운 소비 트렌드를 만들면서 알코올 성분을 배제하고 천연연료를 사용한 무슬림 전용 화장품이 출시되는 경향이 지배적이다. 한국의 소비패턴과 기술력이 반영된 이른바 '코리엔티드(Korean-Oriented)' 화장품이 세계적으로 대박을 터뜨리자 할랄 마케팅이 이를 주목하기 시작했다.

마지막 셋은 블루오션이 되고 있는 할랄 의약품 시장의 동참이다. 까다롭다는 것은 진입의 장벽이 높다는 것을 의미한다. 그래서 한국만이 가지고 있는 의약제조기술을 동원해서 이를 가시화시키는 일이 중요하다. 바로 이 대목에서 할랄 마케팅의 접목과 도입이 필요하게 된다. 이슬람 종교의 특성상 지나치게 과장된 광고나 공격적인 광고는 환영을 받지 못한다. 도덕적인 메시지나 감성에 호소하는 인간적인 어필에만 지갑을 열고 있다. 무슬림들은 사회적 관계와 명예를 중시하고 있기 때문에 타인의 평가와 소문에 민감하다는 점을 감안해서 이를 마케팅 노하우로 승화시키면 된다.

이를 위해 최근 나는 아이디어 집단인 광고회사에 이를 공론화하는 주제를 발표했다. 할랄 시장의 규모와 장래성을 구체화시켜서 제2의 네슬레, 제2의 P&G가 나올 수 있는 수준의 마케팅 능력을 주문했다. 물론 철저한 이슬람 소비문화까지 추가시켰다. 할랄 시장의 규모는 날로 확장되고 있어서다. 다시 예를 들면 '밤새워 이야기하다'라는 뜻을 가진 단어인 '무사하라(musahara)'처럼 대화하는 것을 좋아하는 무슬림의 인애정신을 극대화시켜서 그들의 감성에 호소하는 광고 키워드 동원이다. 실제 동질성이 매우 강한 무슬림들은 이웃을 쉽게 친구로 수용하고 있고 조금만 친하면 남자는 아키(aki-형제)로, 여자는 우크티(ukhti-자매)로 호칭하는 일에 선수들이기 때문에 그렇다.

한마디로 16억 무슬림이 가장 고통을 받고 있는 비만과 당뇨에 관한 연구를 지속시켜 동충하초와 같은 생약 분야를 총동원하여 할랄 마케팅으로 중무장해 할랄 시장을 선점하는 노력에 국력을 모아야 한다. 여기에 필요한 할랄 마케팅 전략은 이슬람 정신에 입각한 감성적 측면을 강하게 만든 전술적 대응을 개발하는 일이 미션으로 남는다. 금기사항인 돼지고기를 대안으로 제시한 불찰과 무지를 용서받기 위해서라도 이제부터 나는 '쥐뿔도 모르는 나의 수준'을 직시한 다음 감등(減等)시키는 일에 울거나 기죽지 말고 이를 자양분으로 키워야 될 것 같다.

3. 아부다비가 첫 발주한 할랄 푸드 비즈니스 모델 내역

오늘 날짜로 무슬림의 성월(聖月)인 라마단이 끝나고 있다. 올해는 가장 길다는 라마단 기간으로 장장 29일째를 보낸 셈이다. 전 세계 16억 무슬림들은 이 기간에 자신과 가족과 이웃의 관계를 알라의 가르침에 따라 새롭게 인식하면서 일출과 일몰의 사이를 단식으로 채웠다. 아부다비 현지 언론매체들은 올해 라마단 기간에 음식 쓰레기가 전년도에 비해 20%나 늘었다고 보도해서 아부다비 에미리트들은 거룩한 성월을 마친 것으로 파악된다. 아랍의 봄을 맞고 있는 이웃 나라와 좋은 대조가 되면서 축복을 받은 것이 분명해졌다. 같은 의미에서 나도 아부다비투자청(ADIA)이 운용하는 국부펀드 관계자에 의해 할랄 푸드(Halal Food) 시장조사차 일본에 다녀왔다.

거듭 밝히지만 '아부다비 통신'을 통해 '쥐뿔도 모르는 내가 할랄 마케팅'을 연재하여 이를 영어로 번역해 보냈더니 여기에 따른 반대 급부(?)였다. 실상은 이렇다. 매년 할랄 푸드의 수입이 늘어나자 아부 다비 관계자는 여기에 따른 할랄 푸드 비즈니스 구축의 필요성을 직 감한 것이다. 가능하면 수입보다는 웰빙 지향의 할랄 푸드를 아부다 비 현지에 생산하는 일에 그치지 않고 직접 할랄 푸드 단지를 구축할 수 있는 것에 대한 시장조사를 의뢰한 것이다. 미션은 단 하나다. 서 울에서 가까운 일본의 방문이었다.

일본에서 할랄 푸드하면 적어도 도쿄 도심의 아키하바라 소재 할 랄 마트 시디큐(Halal Mart Siddique)가 제격인데 예상을 뒤엎고 홋카 이도 대표도시인 삿포로였다. 반신반의하면서 4박5일 일정으로 일본 을 다녀왔다. 우선 결론부터 얘기하자면 아랍상인다운 미션이었다. 삿포로에서 동해 쪽으로 자동차로 1시간을 달리다 보면 관광지 오타 루(Otaru)가 나온다. 바로 지근의 거리에 소재한 일본관광과수원을 소 개받은 것이다. 관계 책임자의 면담에서 밝혀진 일이지만 이 과수원 은 지난해 아부다비를 방문하여 상담을 가졌고 여기에 대한 아부다 비 측 답방이 이어졌다. 그러나 3·11 동일본대지진이 발생하면서 이 들 사이의 상담은 없는 일로 매듭된 것으로 파악하고 있었다.

이를 복원하기 위해, 또는 이런 수준의 한국 푸드로서 할랄 제품의 가능성을 복합해 주문한 미션이었다. 아부다비가 한국을 통해 손짓하 는 할랄 푸드 비즈니스 모델 구축에 관한 첫 조사용역이기 때문이다.

◆ 일본관광과수원(日本觀光果樹園) 르포

인구 18만 명의 오타루는 1940년대 금융업과 청어잡이로 북해도에서 가장 번성한 고장이었다. 하지만 어획량이 줄고 삿포로가 정책적으로 홋카이도 지역의 대표도시로 발전하면서 오타루는 쇠퇴일로를 걷게 된다. 대신 드넓은 평야와 공기, 그리고 물의 힘에 의해 일본 전역을 먹여 살리는 농산물 젖줄이 되었다. 오타루의 옥수수와 당근은 웰빙 푸드에서 으뜸 식재로 인지되면서부터 관광지로 거듭났다.

특히 오타루의 관광 상품을 제조하고 있는 로구하나조(六花亭)와 키다과루(北菓樓)는 지금까지 이 과수원이 생산하는 농산물을 공급받아 웰빙 푸드를 제조해서 명성을 얻고 있다. 여기에 자신을 얻은 일본관광과수원(日本觀光果樹園)은 이를 기반 해 할랄 푸드산업으로 도약의 기반을 얻고 싶었지만 동일본대지진과 후쿠시마 원자력발전소 피해를 입게 되면서 냉가슴을 앓고 있었다.

하긴 매년 10%씩 성장하고 있는 할랄 제품의 메리트는 유혹의 대상이 아닐 수 없다. 우선 통계수치가 이를 외면할 수 없게 만들 터다. 전 세계 할랄 제품 시장 규모는 2조 달러에 달한다. 식음료 부분에서는 1조 4,000억 달러에 이르고 의약품은 5,600억 달러이며 건강관리 용품은 400억 달러에 이른다. 여기에 그치지 않고 말레이시아와 인도네시아를 포함한 동남아 지역 할랄 시장의 매력은 상상을 초월한다. 그러나 네슬레처럼 유럽시장을 공략하기 위해서는 중동지역 도시국가 아부다비 진출이 필수적이었다. 물론 할랄 인증마크 얻기에도 손쉬운 이점이 작용했을 터다.

그다음은 오일머니로 국부(SWF)를 이룩한 아부다비 자본에 대한 기대치를 배제하기 어렵다. 이를 쉽게 정리하자면 올해 라마단 기간에 내가 일본 출장길에서 얻을 수 있었던 경험은 크게 두 가지다. 하나는 할랄 푸드에 대한 지식을 포장이나 미화 대신 '쥐뿔도 모른다'고 고백(?)해도 필요에 의해서 시장 조사의 용역을 얻게 되었다는 점이다. 둘은 평소 일본 경제하면 도쿄이고, 역사하면 교토라는 일반적인 생각에 대한 선입견의 수정이 불가피한 점을 발견한 일이다. 과수원이 제공한 할랄 푸드 시제품을 시식한 자리에서 느낀 감정이야말로 귀한 보배를 지근의 거리에 두고 이를 간파하지 못한 무지의 극치에 고개를 숙일 수밖에 없었다. 홋카이도하면 삿포로 눈의 축제라든가, 삿포로 맥주 정도로 이해한 팔불출이 새삼 부끄러웠다. 일본의 웰빙 식품의 젓줄이 바로 홋카이도임을 모르고 있었기 때문에 더욱 그렇다. 우물 안 개구리가 따로 없을 정도라 그냥 유구무언(有口無言)이다.

하지만 귀국길에 오르면서 나의 뇌를 스치는 것은 우리 선배님의 가르침이었다.

"시작은 곧 절반의 성공이나 다름이 없다."

4. 태동기를 맞고 있는 코리아 할랄 마케팅의 현장 초대

너나없이 잘 알고 있듯이 할랄(Halal)의 본뜻은 '허용(許容)'이다. 그냥 허용이 아니라 이슬람 교리가 정하는 종교적 규정과 웰빙 문화 지향의 각종 기술적 제품까지 인증된 것을 함께 갖춘 차별성이 가미된 허용으로 정리할 수 있다. 할랄 제품에 대한 인증기관의 형태를 살펴보면 자명한 이치다. 왜냐하면 세계 할랄 제품의 인증을 취급하는 기관들은 공통적으로 이슬람 교리의 규정에 입각한 심사원과 기술적 우위성을 검증하는 검사원에 의해 할랄 인증마크가 허용되고 있어서다. 그러나 할랄 인증마크 제도는 국가마다 약간의 차이가 존재하고 동시에 아직까지 세계 할랄 인증 표준이 없다는 점이 옥에 티로 남는다.

우선 무슬림이 금기한 돼지고기와 알코올 성분 포함은 불허용의 1순위로 치고 있다. 대신 무슬림에 필요한 향신료와 소스, 그리고 육류 등 200여 점이 할랄 마케팅이 필요한 제품군(製品群)을 이루고 있다. 다만 마케팅 측면에서 고려되는 각종 할랄 마케팅 인증과 제품개발 정책 등이 풀어야 할 숙제로서 지속적인 제품연구와 시장조사가 병행되어야 한다. 우선순위에서 보아도 16억 무슬림으로 형성된 규모의 경제를 비롯한 연결의 경제로서 이들의 상권은 지대한 범위의 경제를 아우르고 있어서다. 이를 위해 할랄 마케팅의 필요성은 곧 무슬림과 시장의 요구에 의한 수요자 측면이 강하게 강조된 바이어 마케팅이 대세다. 대신 공급자 중심의 셀링 마케팅과 차별화되는 경우와 구분할 수 있다.

이러한 기준을 충족시키면서 할랄 마케팅이 제시한 내용에 부응하는 국가와 기업과 기관 등이 함께 할랄 제품에 올인하는 일이 이제는 산업적 뉴스가 되고 있다. 최근 여기에 출사표(?)를 던진 코리아도 가세하여 할랄 마케팅을 등에 업고 전 세계 무슬림을 향해 "나 여기 있소!"를 외치고 있다. 태동기를 맞고 있는 코리아 할랄 마케팅의 초대는 그래서 관련 업계의 최대 관심사로서 맨 중앙에 서 있다.

◆ 세계 할랄 시장 진출전략 설명회 스케치

지난 8월 25일 오후 KOTRA 국제회의장에서는 국내 처음으로 '세계 할랄 시장 진출전략 설명회'가 있었다. 할랄 마케팅의 태동기답게 관련 기관과 관련 기업 등에서 모인 많은 참석자로 국제회의장을 메웠다. 할랄 시장 설명회는 모두 9개 섹션으로 이루어져서 할랄 마케팅을 아우르는 기본적인 할랄 시장 내용과 인증 절차 등이 소개되었다. 특히 동남아 할랄시장을 지배(?)하고 있는 말레이시아답게 주한 말레이시아 대사관의 상무관에 의한 주제 발표는 설명회의 백미였다.

오는 2012년에 있을 할랄 제품 전시회 참가 기업 유치를 위해 'MIHAS 2012' 소개를 포함시키고 있어서 할랄 시장의 선두 국가로서 무게부터 느끼게 했다. 할랄 마케팅에서 태동기를 맞고 있는 코리아의 입장에서 보면 벤치마킹의 필요성까지 함축시킨 설명회였다. 물론 주제 발표를 들으면서 나의 뇌리는 지난달 삿포로 출장길에 얻은 결론, '시작은 곧 절반의 성공이나 다름이 없다'와 오버랩(overlap)되었다.

쥐뿔도 모르는 글로벌 그린 마케터답게 "그렇다고 할랄 마케팅이 별것이냐" 하는 교만과 자긍심이 어김없이 다시 오버랩되었다. 비록 할랄 마케팅에서는 태동기이지만 압축 성장을 통한 한강의 기적을 이룬 코리아가 아닌가? 할랄 마케팅이 별것인가? 블루오션이 별것인가? 적당한 비유가 될지 모르지만 애플은 아이폰 하나로 전 세계 디지털산업의 생태계를 석권하는 변혁의 산업시대에서 지구촌 소비자는 살고 있지 않은가. 문제는 할랄산업의 블루오션이 되기 위해 국가와 기업과 소비자가 동참하는 오케스트라 연주단을 이제부터 등장시켜야 한다.

도움말로는 **KOTRA**의 막강한 해외 정보력에다 한국농어촌공사의 할랄 푸드 제품력을 합하고 여기에 상응한 관련 기업이 해외시장 개척용 네트워크를 만드는 일에서 시작의 단초를 찾으면 된다. 물론 오랜 경험과 기술적 노하우와 무슬림 소비자의 니즈 등도 중요할 수 있다. 하긴 우리의 선배들은 거북선 모양의 지폐 한 장으로 조선업의 기틀을 마련해 세계 조선산업을 제패한 경험에다 기술적 인력마저 풍부하다. 또한 사우디아라비아 사막에서 배추를 재배하여 대박을 낸 김용복 영동농장 회장의 기업 승리는 할랄산업의 새로운 이정표로서 중동지역 매스컴에 대서특필되고 있다.

이를 체계화시켜 나가면 세계적인 할랄 마케팅의 승자로 등극되는 일은 시간문제일 뿐이다. 최근 일본 기업들은 돈이 되고 시장이 되는 제품에 따라 관련 기업들이 앞장서서 각종 신종 산업에서 이를 인수합병(M&A)으로 풀고 있다. 일본이 할랄 산업의 미래를 그렇게 풀고 있다는 점에 유의해야 한다. 이름하여 '노다의 1,000억 달러 베팅'이다. 잃어버린 10년과 원전사고 1년을 일거에 불식하기 위해 노다 요시히코(野田桂彦)가 내건 일본 신임 총리의 대반격은 그래서 흥미만점이다. 따라서 비록 태동기를 맞고 있는 코리아 할랄 마케팅도 말레이시아와 일본을 반면교사로 삼아서 지금부터 시작하면 승산은 우리를 외면하지 않고 허용(許容)의 길을 열어줄 것이 확실시된다.

그러나 이를 위한 전제조건인 수쿠크 활성화가 발목을 잡고 있어서 안타깝다. 세계 할랄 마켓 셰어의 산업적 자금력인 수쿠크에 대한 한국 국회의 발목잡기가 현재까지 진행형이다. 실제로 할랄 마케팅을 통한 미래 먹을거리가 되기 위해서는 인증마크 획득만큼 수쿠크 확보가 성공의 관건인데도 관련 법안의 국회통과는 태평세월이다. 이번 코리아 할랄 마케팅 진출전략 설명회에 참가한 인사마다 한결같이 주문하고 지적한 과제의 1순위가 수쿠크 활성화였다는 점은 매우 시의적절한 메시지에 속한다. 할랄 제품군으로 세계 시장을 선점하기 위해서는 최우선적으로 자본력이 뒷받침되지 않고서는 사상누각이 되기 마련이라 그들은 그렇게 요구하기 시작했다.

Chapter **7** | 재스민 혁명에서 아랍의 봄으로 가는
세기사적 길목

1. 어글리 코리아를 다이내믹 코리아로 칭찬하는
   알자지라방송

아랍의 봄을 촉진시킨 위성방송 알자지라가 한국 사회 현상에 주
목하고 있다. 아니 침이 마르도록 칭찬하기 시작했다. 내용은 최근 한
국에서 벌어지고 있는 '나는 꼼수다'와 '박원순 서울시장 취임식', 그
리고 한미FTA 국회 비준안 통과를 여과 없이 소개하여 아랍의 봄에
대한 기대주로서 한국을 꼽고 있어서다. 이를 위해 한국을 '어글리
코리아'에서 '다이내믹 코리아'로 등극시켰다.

아랍을 대표하는 위성방송국 알자지라(Al Jazeera)는 현재 100여 국
가에서 2억 2,000만 가구가 시청하는 24시간 뉴스 채널이다. 가히 '중
동의 CNN'으로 평가를 받기에 하등 부족함이 없는 알자지라가 한국
을 연일 소개하는 이유에는 여러 가지가 있다. 우선 롤 모델 개념에

따라 코리아의 사회현상을 아랍의 봄을 완성시키는 촉매제로서 가늠한 분위기가 역력했다. 한국은 자원빈국이지만 강소국으로서 다양한 사회적 목소리가 아랍 언론의 시각으로 너무나 활기차고 자유롭다는 점에서 이를 높게 평가한 것이다.

예를 들어 인터넷 방송 '나는 꼼수다'가 상종가를 치자 이를 어글리 코리아로 보지 않고 다이내믹하게 본 것이다. 나꼼수 열풍의 비결은 사실과 허구를 넘나들며 음모론에 대한 해학과 풍자가 재미있게 교집합된 결과다. 그러나 그 밑바닥에는 현재 한국이 처한 청년실업자의 취직난을 비롯하여 소득 양극화와 불안전한 사회 진행에다 정치권 불신까지 겹친 기성세대 때리기를 단골 메뉴로 삼은 그 저력에 좋은 점수를 주었다고 본다.

다음은 무소속으로 출마하여 서울시장에 당선된 박원순 시장의 온라인 취임식 과정에 대한 대접과 시정 목표의 내용이다. '사회복지는 시혜가 아닌 시민의 권리이다'라고 주장한 박 시장의 정치철학을 아랍의 봄으로 수입하자는 알자리라방송의 평가는 민초의 꿈 그 자체가 되었다. 물론 서울시청 서소문별관 시장 집무실을 비스듬한 책장으로 꾸며서 '소통의 열쇠'로 시각화한 점도 유니크한 발상으로 소개했다.

마지막은 11월 22일 군사작전을 능가하는 '한미FTA 비준안 국회 본회의 통과'에 대한 자세한 보도다. 재적 170, 찬성 151, 반대 7, 기권 12로 통과된 이번 국회의사당 스케치의 압권은 최루탄 살포로 꼽았다. 한국 정당정치의 위기와 실종으로 보지 않고 그렇게 진행시킨 전개과정마저 존경(?)하는 모습으로 소개하고 있어 나도 모르게 외마디가 터졌다.

"이게 알자지라가 맞아?"

이 법안 통과는 지난 노무현 정권과 이명박 정권 동안 4년 8개월에 걸친 경제현안이었다는 친절한 설명에는 벌어진 입을 다물 수가 없었다. 하긴 남의 불행이 자신의 행복으로 치부한 국제관계에서 미뤄보아도 반기기에는 너무나 처절해서 이를 부인할 수 없다. 그럼에도 불구하고 아랍의 봄에 불꽃을 살린, 그것도 제대로 살리고 있는 알자지라의 방송정책은 차항에서 부재다. 어떤 안티도 불경에 속한다는 몸짓이다.

일련의 한국 사회적 현상마저 어글리 코리아로 강등하지 않고 다이내믹 코리아로 승격시키는 배경에는 알자리라방송다운 설립 당시의 비전과 고뇌가 진하게 묻어 있었음을 배제하기 어렵다. 왜냐하면 올해 2월 나는 카타르 소재 알자지라방송을 방문하는 과정에서 청사 출입구 좌우 벽면에 걸려 있는 보도윤리 준칙이 뇌리에 아직도 선하기 때문이다. 보도윤리 준칙은 아랍어와 영어로 적혀 있었다.

"정직과 용기, 공정과 균형, 독립과 신뢰, 그리고 다양성의 언론 가치를 고수하라"로부터 "공격을 받거나 괴롭힘당하는 동료와 함께하며 그들을 지원하라"까지. 또한 마지막으로는 "최우선적으로 언론 자유 수호를 위해 아랍과 국제 언론단체와 협력하라" 등 모두 10개 항목이었다.

나를 안내한 알 압둘 알자지라방송 홍보부 여직원은 "과거 서방은 우리가 테러집단을 대변했다고 비난했다. 일부 아랍 보수층은 우리 방송을 서방의 앞잡이로 몰아세웠다. 하지만 우리는 특정한 의견을 가지고 있지 않다. 사람들의 다양한 목소리를 그대로 전하고 동시에 객관적 시각으로 평가하기 위해 노력할 뿐이다"라고 소개했다. 10개월의 시차를 좁혀서 생각해 보아도 알자지라방송의 한국 사회현상에 대한 후한 평가는 그대로 받아들이는 것이 현명하다고 본다.

도움말로는 알자지라방송의 한국 프리미엄은 이 방송을 시청하는 2억 2,000만 가구의 대부분이 알자지라방송국 보도와 내용을 아무런 비판의식 없이 인정하거나 또 평가하고 있다는 점이다. 대부분 아랍권 방송시청자들은 맹목적인 신뢰로 알자지라방송을 받아들이고 있고 이를 잘도 따르고 있기 때문이다.

지난 15년(1996년 개국) 동안 알자지라방송이 쌓아온 방송 금자탑은 '신뢰의 트레이드마크'가 되었다는 방증일 수 있다. 때문에 지금의 한국 사회현상이 비록 OECD 국가답지 않지만 시각을 '어글리(추함)'에서 '다이내믹(역동성)'으로 인지한다면 그게 그것일 수 있다고 본다. 이를 위해 우리 모두 동방예의국가의 국민답게 알자지라방송의 칭찬 시리즈에 박수를 보내는 것도 한 대안을 넘어 손보다는 득이 더 많은 터다. 더 욕심을 내자면 한국 국회 본회의장에서 한 국회의원이 터뜨린 최루탄 냄새제거제로서 말이다.

2. 포스트 카다피와 힐러리 준비, 그리고 알라이미 석유광물부 장관의 주문

42년 철권정치의 무아마르 카다피는 이제 역사 속으로 묻혔다. 10월 20일(현지시각) 고향 시르테의 배수관에서 황금권총을 쥔 채로. 2월 시민혁명이 시작한 지 248일 만이다. 그렇다고 해도 '아랍의 봄'의 시계는 그대로 돌아가고 있다. 660만 명의 리비아 국민들에게는 독재자의 폭정에서 해방되어 이제는 민주화 열기를 만끽할 수 있고 동시에 국가 재건에 희망을 걸게 되었다.

다른 희망적인 것은 사담 후세인이 축출 이후 이슬람 수니파와 시아파 간 갈등으로 8년째 혼란이 계속되는 이라크와 달라 리비아에서는 종교 갈등이 심각하지 않는 사실이다. 그러나 부족이 140여 개에 달해 부족 간의 정치와 경제와 문화적 갈등이 증폭되면 또다시 분열이 초래되는 경우를 배제할 수 없다. 여기다가 리비아를 둘러싼 서방 세력은 이해관계에 따라 다른 도움과 해법을 제시할 공산이 커지고 있다. 이를테면 시민혁명이 일어나기 전 리비아는 하루 160만 배럴 석유를 생산했었다. 이를 당시 수준으로 끌어올리기 위해서는 다시 서구의 자본이 필요하게 된다. 1,200억 달러 재건비용의 조달도 해결할 국가적 과제다.

또한 포스트 카다피 자리를 놓고 이미 내분이 일고 있다. 리비아 국가과도위원회(NTC)에는 서구 세력을 등에 업은 무스타파 압델 잘릴을 비롯하여 카다피 체제 전복에 앞장섰다가 옥고를 치른 오마르 알하리리 등이 리비아의 미래를 짊어지기를 자임하고 나섰기 때문이다. 10월 18일 트리폴리를 방문한 힐러리 클린턴 미국 국무장관은 20일 카다피의 사망 소식을 아프가니스탄에서 듣고서 "더 이상 리비아 국민들은 그를 두려워하지 않아도 된다"라고 발언 수위를 높였다.

실제로 중동지역 시찰에 나선 힐러리는 백악관에만 있는 '경제수석(Chief Economist)' 자리를 국무부에다 신설하기 위해 인물 물색에 나섰다. 이유는 단 하나, 미국 경제력을 키우기 위해서는 외교의 중심축을 안보에서 경제 쪽으로 이동시키는 일이 필요하다는 판단에서다. 특히 아랍의 봄을 맞는 중동지역을 위해서는 '클릭 이동'에 대한 이용과 기대는 시급을 요하고 있어서다. 향후 리비아를 비롯하여 이라크와 아프가니스탄의 전후 복구사업에 대한 미국의 영향력을 키우는 일이야말로 미국 정책의 으뜸이라는 판단에 따라 취한 준비된 정치적 행보에 속한다. 최근 미국 국가 신용도 하강으로 야기된 미국과 유로존의 위기로 발화된 이번 글로벌 금융위기가 지속된 가운데서 미국의 경제력 키우기는 시의적절한 조치로 간주한 결과일 것이다.

여기까지 기술한 내용들은 지금 전 세계 언론에 대서특필되고 있다 해도 중언부언한 언저리에는 다른 목적이 있다. 불확실성이 갈수록 높아가고 있는 작금의 세계 경제에서 이명박 정부는 과연 어떤 대응을 정책적 우선순위를 두고 있는가. 어떤 대응을 선택하여 이번 글로벌 금융위기를 벗어날 것인가.

◆ 아랍의 봄을 극대화하기 위한 석유대통령의 주문

여기에 대한 주문이 최근 울산을 방문한 알라이미 사우디아라비아 석유광물부 장관을 통해 나왔다. 알라이미 장관은 에쓰오일과 사우디 아람코 합작 당시 총재를 지냈다. 그는 울산 파라자일렌 증설 프로젝트는 산유국과 소비국이 맺은 이상적인 경제협력의 모델이라고 주장했다. 이 일은 사우디 석유산업을 대표하는 아람코가 투자하고 있는 프로젝트 가운데 가장 성공한 사례라고 밝혔다.

사우디 아람코는 에쓰오일에 1조 3,000억 원의 재투자로 이번 울산 파라자일렌 생산공장 증설을 완료했다. 파라자일렌은 화학섬유인 폴리에스테르와 LCD화면 부착용 필름 등을 만드는 기초 원료다. 원유 정제과정에서 나오는 나프타를 전환해 만든다. 이번 증설로 공장 생산량은 74만 톤에서 170만 톤으로 늘어난다. 물경 34억 벌의 옷을 만들 수 있고 단일 공장으로는 세계 최대 규모다. 그래서 알나이미 장관은 한국 언론을 통해 리비아를 비롯한 아랍의 봄을 맞고 있는 중동지역 산유국들에 이를 소개해 경제협력 모델의 견본시 제시를 주문한 것이다.

우선 리비아에서 철수한 한국 건설플랜트 미수금 105억 달러(47개 현장) 회수와 400억 달러 상당의 신규 수주를 위해서는 필요한 조치다. 그래야만 리비아의 내전으로 황폐해진 건설 복구를 위해 프랑스와 미국과 이탈리아 등 서구열강의 텃세를 비켜나는 일이 가능하다는 것을 전제해서. 물론 여기에는 한국 금융자본이 주최가 되어 마땅한 투자처를 찾지 못하고 있는 글로벌 금융자본을 끌어안은 운용의 묘를 함께 갖추는 일이 필요할 수 있다. 리비아의 내전 복구비용 투자 아이템은 이미 국제사회에서 이슈화된 내용이기 때문에 이를 연출하는 기민성과 성과예시(成果例示)가 우선시 된다. 확실한 확보로는 울산 에쓰오일의 파란자일렌 공장을 견본시(비즈니스 모델의 다른 표현)로 삼으면 된다. 세계 최대 규모의 파란자일렌 공장을 한국의 석유 플랜트 기술에 의해 성공적으로 준공시킨 결과물임을 입증시키면 다른 설명은 생략해도 좋다. 문제는 과연 한국 금융자본이 이를 수용할 의사라든가 조직이 있는가를 먼저 묻고 있다. 이를 기회로 삼는다면 '여의도를 점령하라'는 거센 '월가의 분노'를 잠재울 수 있다. 이러한 한국 금융당국의 노력과 의지 여부에 따라 카다피의 사후 아랍의 봄에 대한 이명박 정부가 취할 대응책으로서 큰 가치의 하나가 될 수 있다. 아니 꼭 필요한 가치의 존재가 도사리고 있다.

세계 석유 대통령으로 지칭되고 있는 사우디 알라이미 장관의 훈수와 주문은 중동지역 산유국을 대표하는 내용이기 때문에 더할 나위가 없는 '아부다비의 통신'의 핵심 화두 이상의 가치를 지닌 것에 대해서는 어느 누구도 부인할 수 없을 터다.

3. 아부다비 찍고 라팔로 트리폴리를 공격한 무기전쟁

우여곡절을 겪으면서 리비아 트리폴리를 공격한 나토(NATO)군은 이제 숨을 고르고 있다. 손익계산이 필요한 것이다. 그 막강한 리비아 공군을 처음 궤멸한 서구 연합군은 미국의 입김에 의해 나토로 운영권이 넘어가는 과정에 따른 이해득실이다. 3월 19일 이후 연합군의 포격으로 리비아 카다피군의 방공망과 공군 전력이 사실상 궤멸된 상태다. 나토 함대가 리비아 근해에서 무기금수작전을 병행해 하늘길에 이어 바닷길도 봉쇄되었다. 이 과정에서 프랑스군이 리비아 공습작전의 기지로 사용하고 있는 코르시카섬의 솔랑자라 공군기지에서 발진한 라팔 전투기의 위용과 성능은 세계 방위산업계를 다시 놀라게 했다. 프랑스 라팔은 영국 타이푼과 미국 F-15를 압도하는 성적표를 쌓았다. 그동안 영국 타이푼(유러파이터 제작)은 이탈리아와 사우디아라비아의 주력 공군기였고, 미국 F-15(맥도널 더글러스 제작)는 카타르 공군이 사용하고 있다.

반면 프랑스 라팔(다소 제작)은 아부다비와 브라질 상공을 지키고 있다. 이 세 개의 전투기는 이번 리비아 공습에 즈음하여 그 성능과 그 우열이 평가를 받은 전투기 경연장의 구실까지 겸했다. 단연 프랑스 방위산업체 다소가 제작한 라팔이 발군의 실력을 이루어내자 라팔을 보유한 아부다비 공군은 저절로 신이 나게 되었다. 이게 향후 세계 군수산업의 풍향을 결정짓는 변수인자로 작용할 필요조건이 되었기 때문이다.

◆ 프랑스 라팔의 완승

실제로 프랑스 최신예 전투기 라팔은 3월 19일 '오디세이 새벽' 리비아 공습작전에서 연합군 전투기 가운데 가장 먼저 출격했다. 이날 오후 5시 45분(현지시각) 벵가지 인근을 공습해 카다피 친위군의 탱크 4대를 파괴했다. 미국과 영국이 토마호크 미사일 등으로 리비아 방공망 파괴에 나서기 3시간 전이었다. 따라서 리비아 비행금지구역 실행 작전은 각국 전투기의 성능을 과시하는 전시장으로서 전 세계 방위업체들에 주목을 받았다. '실전능력인증'을 받은 전투기가 세계 각국에서 더 많이 팔릴 수 있기 때문이다. 이해득실상 리비아 공중 작전을 적극 활용한 나라는 아부다비 전투기로 채택된 프랑스의 라팔이었다. 유럽에서 잘 알려진 군사전문지 'EU옵서버'는 리비아 공습을 표지기사로 게재해 "리비아 공습은 프랑스 전투기의 진열장이었다"라고 평가했다. 물론 라팔과 함께 미라주도 포함시켰다. 이번 리비아 방공망 확보 과정에서 단연 독보적인 성과를 이룩한 라팔의 활약은 그대로 압권이 되었다. 대당 1,090억~2,200억 원을 호가하는 라팔의 주가가 상종가를 치는 일은 시간문제로 남게 되었다. 작전 수행 과정에서 추락한 미국의 F-15E는 상대적으로 열세를 면치 못한 것과 대조를 이루면서.

특히 중동지역에서 필요로 하는 군비경쟁의 가늠자가 될 수 있다.

2009년 5월 이란의 신형 중거리 미사일 발사성공 이후부터 가시화되고 있는 전투기 확보는 곧 국가적 운명과의 직결로 이해되고 있다. 스톡홀름국제평화연구소(SIPRI)에 따르면 중동지역 국가들의 국방비 지출은 전 세계 군비지출의 5%에 이르고 있다. 사우디는 GDP의 10%인 311억 달러를 시용하고 있고, 쿠웨이트는 3.4%인 30억 달러를 지출하고 있다.

여기 관점을 한국으로 옮겨 보자. 고공훈련기 T-50 수출에 따른 이해득실과 실패회복에 대한 진단과 견해다. 그동안 T-50에 대한 구매거래에서 적극적인 국가는 싱가포르와 아부다비, 그리고 인도네시아 등이다.

먼저 싱가포르는 시장마인드가 빠진 결과에 따라 실패의 교훈으로 만족해야 했다. 아부다비는 전술적 접근에서 미숙을 보여 이탈리아에 넘어갔다. 이를 테면 록히드 마틴 실력(?)보다는 맥도널 더글러스(보잉)를 포함시켰어야만 옳았다. 중동지역에서 석유는 핼리버튼이고, 건설은 벡텔이라면, 비행기는 보잉기이기 때문이다. 다시 추스르면 가능성은 없지 않다.

인도네시아는 최근 국정원 악재는 뚫었지만 청와대 안보라인이 일찍 보도하는 과정에서 아직도 유보의 딱지를 못 벗고 있다. 또 다른 당근의 준비가 필요할 수 있다. 다만 아부다비 수주는 아부다비 언론매체가 지적(?)한 대로 국가지도자들끼리의 신뢰성 확보를 통한 구매회복의 여지는 남아 있다. 니콜라 사르코지 프랑스 대통령의 적극 외교가 모범답안이 된다. 그래서 내가 처음 화두로 내세운 우여곡절(迂餘曲折)은 아직까지 유효하고 동시에 다른 딴죽걸기야말로 전혀 국익에 도움이 되지 못할 것이다.

4. 슬레이만 알무타와 회장의 코리아 러브 스토리

아부다비를 비롯한 GCC(걸프협력회의) 6개국에서 한국산 홍삼은 건강보조식품으로 인기가 많다. 가히 인기짱이다. 특히 한국인삼공사의 6년근 '정관장 홍삼톤 마일드'는 상종가를 치고 있다. 여기에는 사우디아라비아 알무타와 그룹 슬레이만 알무타와 회장(45세)의 홍삼 사랑에 힘입은 바 크다. 중동지역에서 알무타와 회장은 홍삼 전도사로도 통한다. 그에게서 홍삼은 곧 아랍 비즈니스의 전형을 이룸과 동시에 큰돈까지 벌고 있다. 중동지역은 유럽처럼 한약(漢藥)에 대한 효능과 효과는 잘 알려져 있다. 중국의 한방 약품이 범람하고 있고 여러 가지 약품은 일반 시장에서도 구하기가 쉽다. 때문에 우월을 가늠하기가 어렵고 가짜까지 등장하자 최근 독일에서는 한방의약품 판매의 규제에 임했다. 판매점 허가 기준과 규모도 10배 이상 올려서 중국 한방 상인에 대한 철저한 관리까지 겸해 좌불안석이다. 느슨한 대처가 결국 스스로의 족쇄가 된 상태다. EU에서 한방 시장 규모는 미화 100억 달러에 달할 정도로 성업의 아이템이었기에 더욱 그들에게는 아쉬움과 후회가 짙다.

◆ 우수의약품 및 건강식품 제조시설(GMP) 획득

그러나 한국의 정관장은 날로 인기가 높아가고 있다. 2009년부터 한국인삼공사 정관장은 사우디아라비아 보건부로부터 GMP 인증까지 받았기에 이제는 롱런 아이템이 되고 있다. 이게 같은 경제권역인 GCC 6개국으로 펼쳐져서 '한방 건강약품=정관장'이라는 등식으로 통하고 있다. 주식회사 중국을 넘어 얻어낸 한국인삼의 결과물이기에 남다른 얘기로 회자될 수 있다. 그 맨 중앙에 슬레이만 알무타와 회장이 있다.

"2000년 의류수입을 위해 한국을 처음 찾았을 때 한국인 친구에게서 홍삼 진액을 선물 받았어요. 당시 당뇨로 고생하시던 어머니에게 드렸는데 그걸 복용하시고 건강이 눈에 띄게 좋아지셨지요. 5년 후 어머니가 돌아갔지만 '홍삼을 사우디 전역에 알려서 고통을 받은 환자에게 도움을 주라'는 말씀을 남기셨습니다."

하지만 정관장이 사우디로부터 GMP를 얻기까지는 8년이라는 긴 세월의 투자와 연구가 있었다. 사우디에서는 홍삼은 식품이 아닌 의약품으로 분류되고 있어 GMP 인증이 매우 까다롭게 적용되기 때문에 여기에 따른 효능·규격·기술 등을 갖추는 일이 필요했던 것이다. 이를 위해 알무타와 회장은 자비를 들여서 한국을 수차례 방문했고 한국인삼공사를 제 집처럼 드나드는 고생까지 감내했다. 그리고 결국 모친의 유언과 함께 아랍 특유의 상혼(商魂)의 집념에 의해 그 까다로운 사우디 보건부로부터 약품인증을 받아낸 것이다. 더욱이 캡슐 형태의 일반 의약품 제조 시설과 달리 홍삼 진액 추출시설 등록은 중동지역에는 전례가 없어 더 애를 먹었다. 이러한 과정을 거쳐서 결국 인증을 받아낸 결과물인 6년근 정관장은 이제 중동지역에서 한국의 대표 의약품으로 자리매김하고 있다. 이들 지역의 선물 리스트에서도 단연 톱이다.

왜냐하면 중동지역 사람들은 무더운 기후와 식습관 때문에 당뇨와 고혈압 등 성인병에 시달리고 있다. 날씨가 더우니까 운동을 거의 하지 않고 음식도 육류와 유제품을 주로 먹고 있다. 평균 수명도 65세 정도다. 그래서 웰빙문화에 대한 기대가 크지만 고작 마늘 제품이나 로열 젤리 정도에 그치고 있다. 여기에 한국산 정관장이 히트상품으로 각광을 받기에 이르렀다. 그렇다고 해도 내가 알무타와 회장처럼 홍삼 자랑을 하는 이유는 크게 두 가지다. 중국의 한방의약이 유럽시장에서 가짜 소동으로 외면을 받아 스스로 거대 시장을 잃어가는 모습에 대한 조언이 필요하기 때문이다. 다른 하나는 최근 한국에서도 비아그라와 홍삼에 의해 손님을 다 뺏기고서 이제 한의사는 울고 있기에 더욱 그렇다.

알무타와 회장이 처음 한국을 찾을 무렵인 2000년에는 8,000명이던 한의사 숫자는 현재 2만 명 수준이다. 반면 시장 규모는 줄었다는 것이 한의업계의 솔직한 고백이다. 비아그라 등장과 홍삼제품의 대중화 때문이다. 이러한 현상은 유럽과 한국에 국한된 일이 아니다. 미국 역시 1998년 발기부전치료제 비아그라의 등장은 보약 매출의 감소로 이어지고 있음과 같은 맥락일 것이다. 그래서 아부다비를 비롯한 사우디에서의 6년근 홍삼진액 정관장의 롱런 행진이 돋보인 이유야말로 한 아랍 상인의 코리아 러브 스토리가 더욱 감동적이 될 수밖에 없을 터다.

5. 아부다비 계산과 통 큰 터키가 합치면

고유가와 고물가에 대한 깊은 주름이 국가경제를 어렵게 하고 있다. 국민들의 생활도 함께 고민이 필요한 가운데 '통 큰·손 큰' 브랜드는 목하 화제다. 노병용 롯데마트 사장은 지난 4월 16일 여의도 중소기업중앙회에서 열린 기자 간담회에 참석하여 이렇게 소회를 드러냈다. "통 큰 치킨은 1년 동안 준비한 상품이었지만 미끼 상품은 아니다. 영원히 죽일 것이냐를 놓고 고민을 많이 했다. 참 아쉽지만 전설로 남겨 놓겠다. 죽는 게 사는 거다. 대신 통 큰·손 큰 브랜드로 확장하겠다." 이러한 계산법은 어김없이 아부다비 위정자에게도 통용되는 국가외교의 기본적 자세와 별반 다르지 않다. 이것이 국익과 명분에서 으뜸이라면 응당 필요한 조치일 수 있지만 들불처럼 일고 있는 민주화 요구에 의한 리비아 사태의 출구전략에서 유럽의 이슬람 국가 터키가 이를 지지하고 나서자 국제사회의 주목을 받기 시작한 점은 곧 뉴스가 된다.

◆ 유럽의 이슬람 터키를 함께 아우르고

터키는 리비아 공습을 주도하는 나토의 회원국이면서도 아랍권의 입장을 대변해온 터라 무아마르 카다피 리비아 국가원수와 반군 모두로부터 신뢰를 얻고 있다. 중동지역 도시국가 아부다비 역시 중동지역의 특수성을 강조하면서 국제외교에 제목소리를 내는 데 달인이다. 예를 들면 서구인들이 그들과의 대립각을 세우기 위해 이슬람이 득세(?)하는 중동지역을 중동(中東-Middle East)으로 불렀다. 그러나 아부다비 지식인들은 줄곧 민족개념은 '아랍국가'로, 종교개념은 '이슬람'으로, 금융개념은 '수쿠크'로 분리해서 부르는 것에 앞장섰다. 4월 13일 카타르에서 열린 리비아 사태에 대한 중동지역 관계국 회의의 내용을 일치시키면 아부다비와 터키의 국제외교는 더욱 빛이 났다. 평소 이 두 나라는 어깨동무하듯 리비아 사태에 대한 해결책이 거의 동일했다. 이들은 리비아 출구전략을 미스라타 등 시민군 거점

도시에서 휴전 및 카다피군 철수와 자유선거를 포함한 새로운 정치 체제 도입, 그리고 인도적 지원을 위한 안전통로 설치 등 세 가지 중재안을 내놓았기 때문이다. 카다피는 서구 연합군의 융단폭격으로 궁지에 몰리자 4일 터키에 압델라티 오베이디 외무장관을 특사로 보내 "휴전협정을 바란다"면서 중재의 손 큰 구원을 내밀었다.

실제 중동 이슬람 혁신이 필요한 중동지역 정당지도자들은 터키식 모델(an Islamist makeover)을 높게 평가하고 있다. 이집트의 무슬림형제단은 에르도안의 발자취를 따라 중도노선의 자유정의당을 설립했다. 튀니지의 망명 이슬람지도자 라체드 간누치는 터키를 방문해서 에르도안 총리의 정의개발당(AKP)이 "이슬람에 현대성을 접목시킨 성공 사례가 되고 있다"고 진단한 다음 이를 적극 검토하겠다고 발표했다. 한술 더 떠서 모로코의 이슬람 정당은 터키 정의개발당의 이름을 그대로 본뜬 정당을 설립했다. 터키 이스탄불에 위치한 싱크탱크 TESEV는 터키를 "이슬람과 민주주의 공존을 이끌어낸 성공사례이다"라고 평가하고 있다. 아부다비를 우군으로 삼고 있는 에르도안이 이슬람 정당의 영웅이 된 이유는 분명하다. 1999년 선동죄로 수감될 정도로 급진노선을 걷던 그는 터키 현대 역사에서 가장 통 큰 정치인으로 자리매김했다. 에르도안의 지도 아래 AKP는 다섯 차례나 총선에서 승리했고, 개혁에 대한 저항과 쿠데타 시도를 물리쳤다.

집권 8년 만에 터키의 GDP를 갑절 이상으로 끌어올렸으니 이게 바로 통 큰·손 큰 이슬람 정치지도자로서 주목을 받는 것은 당연한 대접이 된다. 중동역사에서 '과거'를 도입시키면 미래전략의 출구와 맞닥프리는 경우에 도달할 수 있다. 하긴 10년 전만 하더라도 터키는 민주주의의 모범국가 사례라기보다는 이슬람 국가에서 민주주의가 얼마나 어려운지를 보여주는 대표적 사례로 통했다. 줄곧 부패한 연정에 의해 야기된 정국 불안정이 거듭되었고 금융부문은 허약하기 짝이 없었다. 군부는 네 번이나 민간정부를 쿠데타로 밀어냈으며 수천 명에 달하는 쿠르드인과 좌파정치인을 감옥으로 보내거나 실종시킨 일이 다반사로 일어났다.

이게 과거로 점철되어야 하고, 동시에 에르도안 터키 총리의 통 큰·손 큰 정치는 한국과 아부다비, 그리고 이스탄불과 트리폴리를 거쳐서 리비아 사태의 물꼬를 틀 수 있는 키워드가 되었다면, 그 이상의 바람은 사치에 속할 것이다. 왜냐하면 엊그제 나토군 공습으로 카다피의 아들이 사망했다는 소식을 아부다비에서 접하면서 리비아의 출구가 그리 멀지 않았음을 강하게 느꼈기 때문이다.

6. 재스민 혁명이 품고 있는 세 가지 과제와 세 가지 가치

재스민 혁명이 들불처럼 일었던 튀니지 수도 튀니스에서 흔하게 피는 들꽃인 재스민은 물푸레나뭇과(科)의 영춘화(迎春花)다. '봄을 맞이하는 꽃'이라는 이름대로 얼어붙은 독재의 땅에 봄소식을 전하는 전령사로서 우리에게 다가오고 있다. 24년 독재의 화신 제인 엘아비디네 벤 알리 튀니지 대통령이 사우디로 망명길에 오른 지 오늘로 꼭 120일 만이다. 이를 기점해서 중동전문가들 사이에는 리비아와 예멘과 시리아 사태를 겹쳐서 재스민 혁명 다음에 다가올 세상과 정세를 가늠하는 데 관심을 모으고 있다. 2012년 노벨평화상과 노벨문학상은 0순위로 MENA 지역의 사건과 소재가 '떼어 놓은 당상(堂上)'으로 이미 회자되고 있어서다. 그 증거로는 재스민 혁명이 품고 있는 세 가지 과제와 세 가지 가치에 대한 평가가 전 세계 언론의 단골 메뉴이자 단골 주제이기 때문이다.

◆ 재스민 혁명의 세 가지 과제

재스민 혁명의 주역은 청년실업자를 뜻하는 '히티스테'다. 아랍어로 '담벼락'을 의미하는 히티스테는 딱히 할 일이 없어 거리의 담에 기대어 하루를 보낸 청년실업자이고 이들은 디지털 생태계가 낳은 트위터와 페이스북의 달인이기도 하다. 이들이 카이로의 타흐리르 광장에 나설 때는 '자유와 민주'에 대한 요구에 앞서 치솟는 물가에 대한 시정부터 들고 나왔다. 하루가 다르게 치솟는 밀가루 값에 허덕이던 민초들을 대신해서 히티스테들은 '빵의 요구'를 주제로 삼았다. 두 번째는 무바라크 정부의 무자비한 탄압과 기득권층의 저지로 궁지에 몰리면서도 '민주화 열기'를 추가시켰다. 세 번째에 이르러서는 기성세대와 기득권층이 버티면서 청년실업자들의 미래를 가로막고 버티고 있는 기성세대와 기득권층에 양질의 일자리 창출을 요구하는 수순을 밟았다.

그도 그럴 것이 이들의 로망인 서구에 진출은 갈수록 어렵게 되었다. 특히 프랑스와 독일 등 유럽연합 국가들은 아랍권 젊은이에게 일자리나 노동의 기회마저 기피하는 추세여서 그래도 뿌리를 내리고 살 곳은 자기 조국뿐임에 절망하기에 이르렀다. 최근 미국 퓨리서치가 펴낸 '세계 무슬림 인구의 미래'에 따르면 MENA 지역의 30대 이하 인구는 전체의 60%이고 이 수치는 미국과 유럽연합의 두 배라고 밝혔다. 이러한 통계 보고서가 없다고 해도 이들에게 양질의 일자리 확보는 희망사항임을 자각하면서 그들은 이를 시정하기 위해 거리로 광장으로 모였고, 결국 예배를 드리기 위해 모스크에 모인 그날 '피의 금요일'을 그렇게 이어가고 있다.

분명 아랍의 히티스테는 머리는 유럽이고, 가슴은 이슬람이고, 딛고 선 땅은 빈곤이라는 엄연한 현실 세계를 그대로 바라보고 있기에 젊은 피로서 이를 외면할 수 없을 터다. 더욱이 외신들은 독재자 벤 알리가 해외에 도피시킨 돈은 6,000만 스위스프랑이고, 무바라크는 4억 1,000만 스위스프랑이고, 카다피 역시 3억 6,000만 스위스프랑(약 4,450억 원)에 달한다고 전했다. 이는 민주화 열기에 기름을 붓는 격이 되고 말았다.

◆ 재스민 혁명의 세 가지 가치

반면 재스민 혁명을 거치면서 이 지역의 히티스테는 역사적으로 소중한 세 가지 가치를 얻게 되었다. 하나는 1952년 이집트 나세르가 혁명을 일으킨 이후 꼭 60년 만에 아랍의 자부심(pride)을 되찾는 계기를 얻어낸 점이다. 마냥 서구에 당하는 침략과 약탈로 상한 마음속 응어리와 한을 이제부터 풀 수 있다는 그 자부심이 생긴 것을 지칭한다. 둘은 '우리도 하면 된다'는 혁명의 불씨를 들불처럼 이어갈 수 있는 명분론에 들떠 있다. 마지막 셋은 독재자들이 심어놓은 비밀경찰의 공포에서 벗어날 수 있다는 판단에 의한 민주화 요구에 동참하고 있다. 문제는 이러한 역사적 상황에서 이 지역의 민주화 열기가 언제, 어느 선에서 끝이 날 것인가 하는 의문과 우려에 대한 대답이다.

지난주 걸프뉴스는 힐러리 클린턴 미국 국무장관이 재스민 혁명의 이집트 주역인 '4·6청년운동 지도자'를 미국에 초청한 자리에서 행한 연설을 크게 보도하였다. "한국을 롤 모델(role model)로 삼으라"라고 전제한 다음 "전 세계에서 근대화와 민주화의 두 마리 토끼를 동시에 잡은 한국을 배워야 한다"는 취지의 기사를 게재했다.

이 신문매체는 곁들여서 "1980년 한국 5월의 광주 혁명을 되새겨 보면 두 사람의 군인 출신의 대통령이 권좌에서 물러나기까지 10년의 세월이 필요하였기 때문에 이게 곧 우리의 의문과 우려의 도움말이 될 수 있다"고 주장했다. 하물며 석유와 천연가스의 이권, 그리고 수니파와 시아파 투쟁에다 부족과 부족 간 치열한 분쟁이 도사린 이 지역의 민주화 완수는 시간이 아니라 히티스테들에게 꿈과 미래를 안겨주는 일에서 해답을 찾을 수밖에 없다. 이들은 무바라크 퇴출과 함께 이미 빈 라덴의 시대는 가고 테러가 없는 평화로운 세상을 염원하고 있다. 그 연장선상에서 전 세계인에게 공감과 감동을 주는 2012년 노벨평화상과 노벨문학상이 탄생되는 단초로서 사막의 칼바람을 막고 물씬 풍기고 있는 재스민 향기에 MENA 지역이 포함됨은 새삼스러운 뉴스가 아닐 터다.

7. 너무나 닮은 아부다비 용병정책과 사우디 여자대학 교육정책

최근 뉴욕타임스(NYT)는 매우 쇼킹한 내용을 게재해서 국제적 주목을 받고 있다. 크게 두 가지다. 하나는 미국 특수부대 네이비실

(Navy SEAL) 소속 군견(軍犬)의 활동상이다. 다른 하나는 오사마 빈 라덴의 사살과 함께 아부다비 정부의 용병정책(傭兵政策)을 자세히 소개한 내용이다.

이 신문매체에 따르면 미국 CIA는 2010년 8월 파키스탄 아보타바드의 수상한 가옥을 처음 발견한 뒤 소규모 정예 감시팀을 현장에 침투시켰다. 결국 79명의 대(對)테러 군인과 1마리의 군견이 포함된 네이비실 단원들은 10년 숙원을 그렇게 풀었다. 이 개는 80번째 특수부대 요원으로 2만 1,500달러(약 2,300만 원)짜리 방탄 조끼에 적외선 카메라까지 달고서 참가했다. 이 개의 출신성분(?)은 독일 셰퍼드나 벨기에 말리노이즈 종(種)일 가능성이 크다. 우선 냄새를 잘 맡고 민첩하며 용맹스러움의 대명사 군견으로서 각광을 받아 왔다.

애완견을 많이 기르는 서방 국가와 달리 이슬람권에서는 개를 불결한 동물로 여기고 있기 때문에 대부분의 무슬림들은 개를 보는 순간 움찔하고 놀라는 경우를 이용해서 80번째 특수요원으로 채택의 영광을 얻어냈다. 최근 아부다비 정부는 인근 아라비아 해(海)에 위치한 자국 섬 3개를 이란이 군을 주둔시킨 사태에 대비해서 800명 규모의 외국 용병을 끌어들여 운영하고 있다는 내용을 전하고 있다. 이것 역시 미국 보안회사 '리플렉스 리스폰스(2R)'를 통해 아부다비의 '자예드 군사기지'에서 훈련을 받고 실전에 투입할 예정이다.

NYT는 5월 15일자 신문에서 '아부다비 왕실이 미국인 에릭 프린스의 회사 2R과 5억 2,900만 달러짜리 계약을 맺고 대(對)테러와 내부 반란 진압, 그리고 이란 견제작전 등을 수행할 외국인 부대 설립을 의뢰했다'고 밝혔다. 미국 특수부대 네이비실 출신인 프린스는 이라크전쟁에 투입한 블렉웨터 창립자이지만 법률송사에 몰려 이 회사와 작별하고 다시 '2R'을 만들어서 운영 중이다. 아부다비 왕실은 자국 군민으로 구성된 군이 고난도 작전을 수행할 능력이 부족하다고 판단해 세계적인 대테러 기업의 도움을 요청한 것으로 전해졌다. 따라서 아부다비 용병 정책은 이들을 통해 만에 하나 발생할 시위 진압 외에 아부다비 소재 초고층빌딩과 송유관 시설 보호 임무를 맡길 계획이다. 그러나 내형적이고 외형적인 임무는 이런 것이 아닐까 싶다. 내 사견이 아니라 NYT가 입수한 용병 계약서에 포함된 내용이기도 하다. 우선적으로는 MENA 지역에 들불처럼 불고 있는 재스민 혁명의 열기에 따른 차단과 예방, 그리고 시위 방지를 위한 외인부대 용병이 필요한 것이다. 분명 여기에는 "군 경험이 부족한 아부다비는 나라 밖에서 값비싼 군대를 들여옴으로써 주변 국가에게 '우리를 건드리지 말라'라는 메시지를 전달하고자 하는 것으로 보인다."

◆ 세계 최대 규모의 사우디아라비아 누라 빈 알둘라만 공주 여자대학 개교

같은 재스민 차단 효과를 극대화하기 위해 사우디아라비아는 여자대학 교육 정책을 들고 나왔다. 전 세계에서 '금녀(禁女)의 벽'이 가장 높은 사우디가 세계 최대 규모의 여자대학 캠퍼스를 서둘러 개교시켰다. 압둘라 사우디 국왕은 5월 15일 리야드에서 '누라 빈 압둘라만 공주 여자대학'의 신(新)캠퍼스 개교를 선포했다. 부지면적은 800만㎡에(서울대학교 캠퍼스의 약 6배)에다 3년간 공사기간을 거쳤다. 신축 비용은 5조 8,000억 원에 달한다.

이 캠퍼스는 최대 5만 명의 여자대학 학생을 교육시킬 수 있고 22개 단과대학에다 6개의 의학전문대학 개설을 포함시키고 있다. 우선

이 의학전문대학을 위해 병상 700개 규모의 대학병원과 1만 2,000명의 학생들이 생활할 수 있는 기숙사까지 완비시켰다. 특히 교수와 학생들의 이동을 돕기 위해 19km에 달하는 철도시설까지 완벽하게 갖추었다. 원래 사우디에서는 여성의 자동차 운전이 법으로 금지되어 있기 때문에 철도시설에 큰 공을 들였다. 사우디는 여자대학 교육 정책을 통해 여성들에게서 재스민 혁명의 불길을 잡고 동시에 여성 교육의 르네상스를 일으키려는 정책적 고뇌를 읽게 한다. 지난 30년 동안 보수적인 수니파 이슬람 근본주의 성직자들에게 억눌려 있던 왕권을 강화하기 위해 압둘라 국왕은 지난 2009년 3월 교육부 차관으로 누리 알 파에즈(Fayez)를 임명하면서 그녀의 첫 과제로 이 여자대학 캠퍼스 개교를 포함시켰다.

지금까지 아부다비와 사우디 두 나라는 재스민 혁명의 여진을 '찻잔 속의 태풍'으로 여기고 있지만 내심 그게 아님을 간파하는 과정에서 너무나 닮은 정책을 펴고 있다. 우연의 일치만은 아닐 것이다. 아부다비의 외인부대 용병 정책과 사우디의 여자대학 캠퍼스 개교를 통한 여자대학 교육 정책은 최근 상종가를 치고 있는 NYT와 함께 화제의 중앙에 서 있다.

8. 바람난 사우디아라비아

옛날부터 뉴스는 상식을 벗어나면 주목을 받게 된다. 반면 일반 뉴스가 상식을 따르면 교과서가 되기 마련이다. 그래서 빅뉴스가 되기 위한 전제조건으로는 모반과 반란은 기본이고 이를 포장해 컬러풀하게 만든 경우가 비일비재하다. 세계 언론의 속성이 이를 닮아가는 과정은 중동지역 종주국을 지향하는 사우디아라비아 언론매체도 미투(me too)하는 추세에 의해 신바람이 나 있다. 지난달에 나는 사우디 여자들에 운전을 법으로 금하면서 세계 최대 규모의 '누라 빈 압둘라만 공주 대학' 개교를 소개했다. '여성의 벽'이 높은 사우디에서 5만 명 학생의 수용이 가능한 이 캠퍼스 개교를 통해 여성 개방의 시그널을 겸했다. 분명 여기에는 튀니지발 재스민 혁명의 여진이 사우디에 오는 것을 차단하는 효과를 얻어내기 위한 조치의 일환으로 이해된다.

이어서 엊그제는 향후 5년 동안에 일반인 대상 121개 병원을 개원하겠다는 뉴스까지 추가시켜 벌어진 입을 다물지 못하게 하고 있다. 최근 사우디의 최대 관심사였던 16개 원자력발전소 건설 뉴스가 무색하게끔 연일 대국민 우호정책이 발표되고 있다. 이게 바로 바람난 사우디아라비아의 선심성 정책이자 메뉴의 실체다.

◆ 사우디 여성 운전자의 반란

사우디아라비아는 지구상에서 유일하게 여성의 운전을 금지하고 있다. 이를 합리화시키는 데 이미 달인이 되어버렸다. 사우디 위정자와 성직자들은 내세운 합리성은 크게 두 가지다. 하나는 여성의 운전을 금하는 것은 여성 억압이 아닌 보호차원에서 단행한 조치다. 수고스럽게 직접 운전할 필요가 없고 주차를 해놓고 마트까지 굳이 걸어갈 필요가 없다는 이유를 들고 있다. 다른 하나는 여성 운전자가 바깥 세상에 자주 노출되어 더 위험을 느낄 수 있다는 이유를 내세우고 있다. 남성들의 음흉한 시선과 야유를 받지 않으려면 아예 운전을 하지 말아야 하기 때문이라고 강조해서 말이다.

과연 그럴까? 과연 그게 사우디의 일반적인 상식이자 관행일까? 내가 직접 이를 확인할 수 없었지만 최근 미국의 외교전문지 포린폴리시는 이를 이렇게 정리해서 주목을 받고 있다. "여성 운전자에 대한 가장 우스꽝스러운 주장이다."

그렇다면 앞에서 내가 소개한 누라 빈 압둘라만 공주 대학 개교는 무슨 이유이고, 향후 5년 동안에 일반 병원 120개 신설은 무슨 선심일까? 하지만 내 의문과 서구 언론의 주목은 이제 판가름이 나올 것으로 예상된다. 사연은 이렇다.

마날 알셰리프라는 32세 사우디 여성이 5월 어느 날, 유튜브에 자신이 운전하는 모습을 찍은 동영상을 올렸다. 물론 사우디 경찰서에 구금되었고 보석금을 내고 5월 30일 풀려났다. 하지만 6월 17일 알셰리프와 뜻을 같이하는 사우디 여성들이 수도 리야드와 주요 도시에서 일제히 차를 몰고 거리에 나오는 시위를 벌이겠다고 유튜브와 페이스북에 글을 올리고 있다. 시위 장소와 시위 방법, 그리고 시위 명분론이 너무나 구체적이다. 시위가 일상화되고 있는 서구 세계를 그대로 닮고 있다. 하지만 예단컨대 여성 운전자 시위는 일과성 행사로 흐를 공산이 커지고 있다. 사우디를 너무나 잘 알고 있는 아부다비 에미리트들은 사우디 경찰력과 사우디 이슬람 성직자들이 국법을 어기는 여성 운전자 시위를 그대로 방치하지 않을 것으로 내다보고 있기 때문이다. 우선적으로 서구 언론의 판단을 성급한 희망사항으로 보고 있어서다. 압둘라 빈 압둘아지스 사우디 국왕의 통치력 위에는 이슬람 성직자들의 막강 파워가 작동함을 익히 잘 알고 있어 더욱 그렇다.

현재 MENA 지역에 재스민 혁명의 파고가 강하게 불고 있다고 해도 사우디아라비아의 정치와 경제와 종교 현실이 서구의 잣대로까지 발전하기 위해서는 더 많은 시간이 필요할 수밖에 없다. 카다피가 이끌고 있는 리비아 사태가 나토군의 연일 공습으로 이제 시간문제로 남았다는 게이츠 미국 국방부 장관의 견해가 계속 흘러나오고 있다 해도 사우디아라비아 여권신장이 서구 수준에 이르기까지는 더 많은 시간과 결단이 보태져야만 가능하다. 사우디의 사회구조가 그렇게 짜여 있어서다. 따라서 바람난 사우디아라비아의 현실을 기대하는 일은 '나를 그냥 놔 두세요'라는 유행가 가사처럼 그렇게 간단하게 처리되는 일이 아니다. 이 때문에 사우디의 빅뉴스는 종교적 관심사가 변하거나 진화해야만 가능하다는 엄연한 사실을 이해하지 않고는 모든 예단은 말장난에 그칠 수 있다. 우연의 일치인지 모르지만 나는 이 칼럼을 아부다비 도심(都心) 힘단로드 한 게이트하우스에서 쓰고 있다. 오는 6월 17일의 바람난 사우디의 시위를 현장 가까이서 살펴볼 기회를 겸하고 있다.

그 끝자락에는 지난 6월 1일자 사우디데일리아랍뉴스(Saudi daily Arab News)의 안디 삼비디지(Andy Sambidge) 기자가 실명기사로 게재한 '원자력 16기 건설 계획'의 자세한 내용까지 파악한 다음 귀국할 것 같다. 슬프게도 나는 지난해 4월 『그린 에너지 원자력』을 출판했지만 일본 후쿠시마 원전사고로 인해 모처럼 맞이하는 한국의 원전 르네상스가 시들고 있는 가운데 사우디의 거대 원전 프로젝트 발표는 그래서 더 정이 가고 있다. 실제로 이게 사우디판(版) 빅뉴스가 아닐까 싶다.

9. 9·11 10주년의 뉴욕과 아부다비의 선택, 그리고 서울의 대응

10년이면 강산도 변한다는 말에 실감이 난다. 하나도 거짓이 없는 진리다. 역사의 흔적(痕迹)이 그렇게 증명하고 있어서다. 바로 10년 전의 오늘 뉴욕 맨해튼에서 발생한 9·11테러는 두 동의 세계무역센터(WTC)의 붕괴와 함께 240만 미국 무슬림에게는 '고난의 10년'이었다.

우선 이슬라모포비아(Islamophobia-반이슬람주의)가 극성을 부리면서 전 세계 16억 무슬림에게는 고난에 그치지 않고 인내와 성찰의 긴 시간을 요구했다. 이 기간에 무슬림들이 해외여행에 오르면 입국심사 때마다 다른 나라 탑승객보다 훨씬 더 많은 질문에다 알몸 투시기를 통과하는 등 특별대우를 받았다. 히잡만 둘러도 경계의 눈초리를 받아야만 했다. 특히 뉴욕에서는 여권에 찍힌 이름이 아랍 계통이고 여행 국가가 이슬람권이면 내외국인 가릴 것 없이 별도의 보안 검색이 필요한 인물로 분류된다. 이러한 사회현상은 경찰국가 미국과 이슬람의 소통 부재에 따른 반대급부로서 어쩜 문화와 문명의 충돌에 따른 결과물이다.

세계적인 사회학자 도미니크 볼통 프랑스 국립과학연구소장이 내린 결론이다. 최근 한국국제교류재단의 초청을 받아 서울을 찾아온 볼통 소장은 국내 한 언론매체와의 인터뷰에서 다음과 같이 밝혔다. "9·11테러는 무슬림 테러리스트의 소행이지만 9·11 발생 원인에는 수많은 잘못된 정보와 이에 대한 몰이해가 깔려 있다"면서 "미국을 비롯한 서양에서는 그 찬란한 이슬람 문명을 이해하지 못한 반면 이슬람권은 모욕을 받고 있다고 느끼면서 빚어진 소통 부재가 테러로 이어졌다"고 주장했다. 이에 그치지 않고 그는 "10년이 지났지만 아직 서로의 소통이 나아졌다고는 보기에 어렵다는 점도 사실이다"라고 그의 진단을 마무리했다.

'사람들은 왜 서로 잘 이해하지 못할까' 하는 의문에서 출발해 30여 년 동안 세상의 소통 문제를 크게 고민한 '소통의 달인'인 도미니크 볼통 소장의 견해는 진한 의문과 동시에 슬픈 반성을 동반시키고 있다. 이제부터는 세계적인 사회학자의 견해를 토대로 9·11 10주년을 맞은 뉴욕과 아부다비, 그리고 서울을 교집합시켜서 보는 일이야말로 전 세계적으로 펼쳐지고 있는 문명의 충돌과 문화의 동질성 회복을 위해서 하나의 기회가 될 수 있다. 올해 3월부터 강하게 불기 시작한 재스민 혁명의 진면목을 이해하고 재해석하는 데 가장 설득력이 있는 메시지가 바로 2001년 뉴욕발 9·11테러이기 때문이다.

◆ Ten Years on: A World United against Terrorism

첫 번째 뉴욕의 이해는 '폐허에서 희망이다'가 될 수 있다. 그래서 10년 전의 사고 현장인 그라운드 제로에는 이제 대형 인공폭포 2개가 희망의 물기둥을 뿜어내고 있다. 오바마 대통령 내외와 부시 전 대통령 내외가 참석한 가운데 치러진 올해 추모행사는 2,983명의 명단이 하나하나 호명되었다. 기념비적인 이번 행사를 통해 미국이 전하는 메시지가 바로 이렇게 정리가 되었음이 퍽이나 시사적이었다. '절망이 이곳을 지배하는 건 하루뿐이었다. 우리는 다음 날부터 뉴욕을 재건했다.'

두 번째 아부다비 이해는 '테러에 대한 선택은 세계 연합이 최상이어야 한다'이다. 셰이크 압둘라 빈 자에드 아부다비 정부 외무장관

(UAE 외무장관 겸임)은 최근 걸프뉴스의 오피니언 칼럼(9월 10일자)을 통해 10주년 9·11테러의 소회를 이렇게 밝혔다. '테러에 대한 세계 연합(Ten Years on: A World United against Terrorism)'이라는 주제를 달아 통찰한 반성과 자기 성찰을 제시하면서 아부다비 지도자의 세계관을 추가시켰다. 지금까지의 아부다비 지도자를 비롯한 중동지역 산유국 지도자의 리더십이 '나를 따르라(follow me)'였다면 지금은 '나와 함께(with me)'가 최선의 정책 기조가 이루어지도록 변혁의 기회로 발전하고 있음을 밝혔기 때문이다. 최근의 재스민 혁명이 이를 불가능을 가능하게 하는 단초로 작용함은 물론이다.

세 번째 서울의 이해는 테러에 대한 대응이다. 공교롭게도 올해 9·11테러 기념일은 뉴욕 현지시각과 한국의 고유한 명절일 추석과도 겹쳤다. 전 국민이 풍요로운 추석 명절을 맞아 민족대이동을 치르는 날이라 9·11테러에 대한 이해는 조금 본질에서 벗어나 있었다. 하지만 지금 우리가 살고 있는 지구촌은 일의대수(一衣帶水)로 진행되고 있기 때문에 우리와 무관한 그리스가 부도국가로 전락하자마자 한국 증시는 요동을 칠 수밖에 없었다. 하물며 테러발생에 의해 뉴욕과 아부다비와 서울이 혼미해지면 곧바로 이들의 파장은 전 세계를 아우르는 경제 구조에 노출되기 마련이다. 따라서 서울의 대응은 10년 전 9·11테러가 발생한 2001년 9월의 신문기사를 새롭게 들춰보게 한다.

정부가 앞장서서 아랍세계의 중요성을 강조하기 시작했다. 크게 세 가지 정책의 변화를 서둘렀다. 하나는 정부기관인 외무부(외교통신부의 전신)와 국정원 등에서 정예의 아랍 전문가를 양성시킨다. 둘은 관련 기업은 아랍어 출신을 채용하는 기민성을 발휘한다. 셋은 대학은 교양과목으로 아랍어나 중동 관련 교과목을 개설한다는 등이다.

그러나 10년이면 강산이 변한다는 역사적 흔적은 여기에서 배제되었다. 철저하게 배제되었고 그것도 부족해서 철저하게 외면을 당했다. 한국 정부는 10년 동안 한 군데의 이슬람 문화원을 개설하지 못했다. 또한 각 대학들이 로스쿨을 개설에 앞장을 섰지만 이슬람법(샤리아) 전문가를 찾거나 양성하는 데 쌓은 성적표는 전무(全無)했다. 한 군데도 없었다는 의미의 전무이지만 이를 시정하려는 목소리마저 들리지 않고 있다. 그래서 9·11테러 10주년을 맞은 한국 정부는 비록 늦었지만 이제부터 새롭게 서울의 대응을 정책적으로 접근하는 모습을 주문하고 싶다.

10. 나토와 리비아 사이에서 아부다비의 선택

오늘로 리비아 사태가 여섯 달을 맞고 있다. 그러니까 지난 2월 15일 리비아 제2의 도시 벵가지에서 첫 반정부 시위가 일어난 것을 계산해서 그렇다. 그동안의 리비아 사태일지를 살펴보면 3월 19일 나토군 지휘의 '오디세이 새벽' 이후에도 카다피 정부군과 시민군 사이에서 일전일퇴를 되풀이할 뿐 결정적인 완결은 계속 늦어지고 있다. 더 많은 인고의 시간을 요구하고 있는지 모른다. 여기다가 최근 외신에 따르면 리비아 시민군의 지도자인 마무드 지부릴 국가위원회(TNC) 대표는 지난 7월 21일 스페인 마드리드에서 히메네스 스페인 외무장관을 만나 "카다피 정부가 브레가 석유시설에 대량의 폭발물을 설치했으며, 브레가가 시민군에 넘어갈 경우 폭파한다는 계획을 세웠다"면서 "지금 브레가는 거대한 지뢰밭이 되었다"고 주장했다.

하긴 이러한 설명은, 앞서 카다피 정부의 무사 이부라힘 대변인은 "우리는 브레가를 지옥으로 만들겠다. 이런 계획은 이 도시가 파괴가 되더라도 브레가를 절대로 포기하지 않겠다"는 발표가 전해진 직후였다. 브레가에 폭발물이 설치된 것으로 알려지자 국제 유가는 소폭 상승하였고 결국 두바이유 9월 인도분은 109.90달러로 마감했다.

◆ 스마트 디펜스, 스마트 파워, 스마트 네트워크

전대미문의 리비아 사태를 맞으면서 북대서양조약기구(NATO)가 리비아 공습에 대한 국제사회는 이들의 역할과 기대는 크다. 최근 나토는 28개 회원국 정상이 '신개념 전략'을 채택하여 적극적인 관여와 현대적인 방어에 입각한 계획과 정책을 실시하는 데 대한 기대가 남다르기 때문이다. 나토는 방어와 억지라는 유럽안보를 위한 기본정책을 고수하면서 에너지 공급의 안전성 확보 등 위기관리를 통한 안보에도 주력하고 있다. 또 나토는 그동안 소련과 동유럽 사회주의 붕괴로 존립근거와 동맹의 미래 역할에 대해서 강한 도전과 회의에도 불구하고 동유럽 지역으로의 대대적인 회원국 확대를 통해 유럽안보의 중심축으로서 위상을 유지하고 있다. 여기에 따른 나토의 전략적 핵심인 '스마트 디펜스(Smart Defence)'는 방어와 대응을 골자로 하는 개념으로 확대시키고 있다.

이는 오바마 미국 대통령의 군사전략의 기본이 되고 있는 '스마트 파워(Smart Power)'와 대비되지만 흥미롭게도 공동의 적인 리비아 사태를 맞아 나토와 미국은 이를 합친 신개념의 군사적 대응으로 통합되고 있다. 여기에 편승한 중동 동시 국가인 아부다비와 사우디를 비롯한 걸프협력회의(GCC) 회원국은 리비아 사태를 '스마트 네트워크 (Smart Network)'로 묶기 시작했다. 분명 이는 지난 6월 30일 퇴임한 로버트 게이츠 전 미국 국방장관이 6월 10일 브뤼셀 나토본부에서 행한 연설을 통해 나토 회원국을 강하게 질타한 것과 무관하지 않다. 로버트 게이츠는 "회원국의 군사력 증강과 국방비 증액이 없이는 나토야말로 무용지물이나 마찬가지이다"라고 밝혔다. 동시에 비공개 회의에서 게이츠는 '외교적 결례(缺禮)'를 무릅쓰고 폴란드와 독일과 터키 등 국명을 거론하면서 대(對) 리비아 군사행동에 대해 미온적인 태도와 처사에 대해서 크게 질타했었다. 사실 나토 회원국들이 제 몫을 하게 만든 것은 나토 62년 역사 내내 미국이 해결하지 못한 숙제였다.

미국은 나토의 '무임승차(free-rider)'에 대해 항상 불만이었다. 지금은 경제위기 때문에 나토 회원국들은 미국을 돕고 싶어도 여력이 안 된다. 나토가 효용성을 상실했다면 대안을 찾아야 한다. 이게 바로 국제정치가 숙명적으로 지닌 과제이자 숙제가 되고 말았다. 그래서 지금의 리비아 사태는 여기에 대한 좋은 길라잡이가 되고 있다. 이를 통해 동참의 기회로 삼아야 되는 동인이 작동되고 있어서다. 따라서 중동지역 국가들에게는 로버트 게이츠의 질타에서 벗어나기 위한 전략적 군사적 대응책으로서 '스마트 네트워크'의 필요성에 공감함과 동시에 선택적 필수조건으로 가늠해서 이를 적극 수용하는 일에 발을 벗고 나섰다.

같은 맥락에서 이제부터 한국도 리비아 사태를 통한 선택이 필요함을 직시해야 한다. 왜냐하면 현재 리비아 공사장은 한국 건설역군 60여 명이 목숨까지 담보해서 공사현장을 지키고 있다. 최근 해외건설

협회가 발표한 자료에 따르면 한국 건설업체의 리비아 공사수주 실적
은 1977년부터 2011년 2월까지 295건으로 물경 366억 달러에 달한다.
향후 '리비아 건설특수가 사라지다'가 빈말이 아니게끔, 한국 건설업
계가 노심초사하게끔 작동하는 지금의 리비아 사태는 카다피군과 시
민군의 오리무중 전투과정을 비롯하여 나토와 미국의 불협화음, 그리
고 중동국가와 한국(중국까지 포함) 등이 과거의 실적에 향수를 떨쳐
버리지 못한 매우 다양한 얼굴로 다가오고 있어서 더욱 그렇다.

　이 때문에 우리 모두의 선택은 리비아의 평화적 해결책을 희망하
고 있지만 시간이 계속 흐르면서 리비아 원유 수출항구 도시 브레가
처럼 지뢰밭이 되고 있다는 점은 세계사적 희극이자 동시에 비극까
지 겸하고 있다. 결국 석유정치학적인 이해관계와 중동지역의 지정학
적 위치와 맞물려 진행되고 있는 재스민 혁명의 여진은 아부다비 선
택의 손을 들어주기 시작했다.

나가는 글

세상의 모든 일은 '관심'의 유무(有無)에서 비롯된다. 관심의 다른 말인 '비전'도 같은 이치(理致)로 적용된다. 굳이 관심과 비전의 다른 것을 찾자면 관심은 '단순성'의 의미 부여인 반면 비전은 자신의 '미래성'를 투영시키는 힘이 될 수 있다는 점이다.

너나없이 누구나 잘 알고 있는 일을 가지고 이렇게 화두로 삼는 데는 '아부다비 통신'에 대한 이해와 편견을 설명하는 데 이만 한 소재를 찾기가 일단 어려워서다. 고작 180만 명 인구의 중동지역 도시국가 아부다비(Abu Dhabi)를 소재로 해서 이러한 칼럼을 론칭하는 일이 제대로 이어질 수 있을지 염려되었던 부분이 있었다. 그러나 내 관심에 따라 이렇게 단행본으로 탄생시킨 것은 이 책 맨 앞의 프롤로그에서 언급한 대로 '이 책의 출발은 남달랐다'를 증명해야 하는 미션이 있었기 때문이다.

우선 아부다비 정부의 도시계획위원회(Urban Planning Council)가 발행한 『Plan Abu Dhabi 2030』(2007년 9월 발행의 180쪽)을 보면서 많은 생각과 의문에 묻혀 결국 새롭게 이 도시국가를 보게 되었다는 고백을 배제하기 어렵다. 이를 요약하자면 아부다비의 재연구이고, 재조사이고, 다시 도전한 '아부다비의 재발견(再發見)'이었기 때문이다. 그렇다고 해도 한국에서의 아부다비 재발견은 항상 변방이었다.

발표할 매체가 별로 없었다. 더 겸손해야 하겠지만 그동안 '아부다비'에 대한 단행본을 여덟 권이나 저술했는데 이마저 개인적인 희망사항에 불과하였다. 이를 극복(또는 탈피)하기 위해 출판사가 내게 준 정체성인 '글로벌 그린 마케터'라는 타이틀에 감사하면서 오로지 나만의 노하우를 살려냈다.

'틈새'와 '차별성 확보'와 '아부다비가 요구하는 비즈니스 모델(BM)'을 만드는 세 가지 일을 통해 극복의 열쇠를 얻어내는 일에 올인 하였다. 하지만 이것으로는 항상 부족하였다. 내가 신이 아닌 인간이기에 글의 부족과 착시로 인한 오류가 생기면 곧바로 댓글이 줄을 잇기 마련이었던 것이다. 이를 벗어나기 위해 한 편의 칼럼도 여러 차례 수정과 교정을 거치면서, 동시에 편집자와의 교감은 기본적인 체크리스트가 되었다. 만들고 나면 별것 아니겠지만 '콜럼버스 달걀의 우화(寓話)'를 생각해 보면 수긍이 갈 수 있을 터다. 그만큼 '아부다비 통신'이 단행본으로 나오기까지는 내가 젖을 먹었던 힘까지 보탠 결과물이자 지적 창작물이라는 점을 밝혀둔다.

특히 이 칼럼을 영문으로 번역해서 회람시켜 읽었던 아부다비 에미리트와 아부다비 한인회 여러분께 좋은 평가를 받고 싶었다. 이를 통해 더 좋은 소재로, 더 좋은 아부다비 재발견으로 '아부다비 통신'을 롱런시켜 중동지역 도시국가 아부다비를 대표하는 칼럼의 길을 스스로 걷고 싶다.

임은모 ————————

광고평론가
한국문화콘텐츠학회 부회장
Al Ahmed Green Forum 공동대표
한일마케팅포럼 기획위원
한세대학교 광고홍보과 겸임교수 역임

『Global Green Growth Report』(2011)
『아부다비 투자청 대해부』(2011)
『스위트 그린머니』(2010)
『그린에너지 원자력』(2010)
『탄소제로도시 마스다르의 도전』(2009)
『아부다비의 힘』(2009)
『글로벌 그린마켓 승자의 길』(2009)
『글로벌 브랜드 두바이』(2007)
『문화 콘텐츠 비즈니스론』(2003)
『디지털 콘텐츠 입문론』(2002)
『모바일 콘텐츠 게임 개발론』(2002)
『짐 클라크의 수익모델 엿보기』(2001)
『취해도 광고는 바로간다』(1995)
『성공기업 광고전략』(1992)

「광고전략에서 케이스스터디 영역과 역할에 관한 연구」(1997)
「모바일콘텐츠에서 기술적 특성과 게임프로듀싱에 관한 연구」(2000)

월간 <팝사인> 광고칼럼 연재
월간 <디지털콘텐츠> 콘텐츠개론 연재
브레이크 뉴스(www.breaknews.com) '아부다비 通信' 연재

'탄소제로도시 마스다르의 도전' 강연
'중동시장에서 국부창조(國富創造)의 지름길' 강연

아부다비 통신

초 판 인 쇄 | 2012년 1월 27일
초 판 발 행 | 2012년 1월 27일

지 은 이 | 임은모
펴 낸 이 | 채종준
펴 낸 곳 | 한국학술정보㈜
주 소 | 경기도 파주시 문발동 파주출판문화정보산업단지 513-5
전 화 | 031) 908-3181(대표)
팩 스 | 031) 908-3189
홈 페 이 지 | http://ebook.kstudy.com
E-mail | 출판사업부 publish@kstudy.com
등 록 | 제일산-115호(2000. 6. 19)

ISBN   978-89-268-3012-3 03320 (Paper Book)
        978-89-268-3013-0 08320 (e-Book)

이담 Books 는 한국학술정보(주)의 지식실용서 브랜드입니다.